미래 세대를 위한

우리말과 문해력

미래 세대를 위한 우리말과 문해력

제1판 제1쇄 발행일 2025년 5월 31일

글 _ 최종규
그림 _ 나유진
기획 _ 숲노래, 책도둑(박정훈, 박정식, 김민호)
디자인 _ 이안디자인
펴낸이 _ 김은지
펴낸곳 _ 철수와영희
등록번호 _ 제319-2005-42호
주소 _ 서울시 마포구 월드컵로 65, 302호(망원동, 양경회관)
전화 _ 02) 332-0815
팩스 _ 02) 6003-1958
전자우편 _ chulsu815@hanmail.net

ⓒ 최종규, 나유진 2025

ISBN 979-11-7153-029-8 43710

철수와영희 출판사는 '어린이' 철수와 영희, '어른' 철수와 영희에게
도움 되는 책을 펴내기 위해 노력합니다.

미래 세대를 위한

우리말과 문해력

우리말로 펴는 이야기꽃

글 최종규 | 그림 나유진

철수와영희

손을 맞잡고 우리말 이야기를 누려 보셔요

여러분, 우리말은 뭘까요? 제가 우리말이 무엇인지 스스로 알아보자는 마음으로 살아오며 익힌 이야기를 들려주기에 앞서, 여러분이 먼저 가만히 생각을 기울여 보기를 바랍니다. 바로 끝까지 읽어내리지 말고, 모든 물음마다 여러분이 먼저 스스로 생각을 가다듬고서 읽어 주시기를 바라요.

우리가 쓰기에 '우리말'입니다. 우리가 안 쓰는 말이라면 우리말이 아닙니다. 그러면 '우리'란 뭘까요? 너하고 나를 묶어서 가리키는 이름인 '우리'이기만 할까요? 다른 뜻이나 쓰임새는 없을까요? '우리'라는 낱말은 먼먼 옛날에 누가 어떤 마음으로 생각을 기울여서 문득 지었을까요? '말'이란 뭘까요? 우리는 늘 말을 나누면서 살아가는데, 이 말은 먼먼 옛날에 누가 어떤 마음으로 생각을 빛내어 문득 터뜨렸을까요?

바로바로 알아차려도 나쁘지 않습니다만, 느긋하게 알아가도 즐겁습니다. 외우듯이 읽어내는 이야기보다는, 오늘 이 모습을 이루기까지 어제 어떻게 걸어왔는가를 돌아보고, 앞으로 어떤 빛살로 이 땅에 드리울 적에 아름다우면서 즐겁고 사랑스러울까 하고 생각하면서 차근차근 읽어 보시기를 바랍니다.

　우리말을 갈고닦거나 다루거나 가꾸거나 일구는 길을 걸어온 옛어른은 으레 "어려우면 우리말이 아니다" 하고 말했습니다. "어려우면 우리말이 아니다"라면 "우리말은 쉽다"란 뜻이기도 합니다. 아이어른이 어깨동무하면서 쓰기에 '우리말'입니다. 이 우리말을 '삶말·살림말·사랑말·텃말'처럼 살짝 다르게 나타내기도 해요. 삶을 담아 삶말이고, 살림을 그려 살림말이고, 사랑을 나누어 사랑말이고, 터를 이루며 쓴 텃말입니다.

　'문해력(文解力)'은 "글을 읽는 힘"을 뜻할 텐데, 글이란 말을 담아낸 그림입니다. 말이란 마음을 담아낸 소리입니다. 곧 '글을 잘 읽으'려면 '말을 잘 듣고 새겨'야 하고, '마음을 마음으로 느끼고 헤아리는' 눈을 틔워야 한다는 뜻이요, '글읽눈'과 '글눈'을 열자는 얘기예요.

　그래서 이 책으로 서른네 가지 수수께끼를 한 올씩 풀어 나가려고 합니다. 말을 들려주는 책이기에 따옴표를 자주 씁니다. 차근차근 읽으면서 찬찬히 헤아리는 마음이라면, 여러분이 우리말과 '글읽눈(문해력)'을 새롭고 즐거우면서 넉넉히 쓰는 길을 스스로 찾아내어 펼 만하다고 생각합니다. 자, 서로 손을 맞잡고 노래하면서 들놀이를 가듯 우리말과 글읽눈 이야기를 누려 보셔요.

최종규 드림

1

우리말이 뭐예요?

1.
말과 글은 어떻게 짓나요?

아프거나 괴로울 적에 "눈물을 짓는다"고 말합니다. 즐겁거나 신날 적에 "웃음을 짓는다"고 말합니다. 얼굴로 드러나는 눈물과 웃음이기에 '얼굴짓'이라고 합니다. 손으로 하기에 '손짓'이고, 발로 보이기에 '발짓'이에요.

밥을 짓고, 생각을 짓고, 꿈을 짓고, 노래를 짓고, 이야기를 지어요. 살림을 짓고, 마을을 짓고, 하루를 짓지요. '짓다'란, 이곳에 처음으로 나타나도록 우리 스스로 몸과 마음을 다하여 기운을 써서 이루는 일을 나타냅니다. 말과 글은 삶과 살림을 지으면서 이 삶과 살림을 밝히려고 짓습니다.

'집'이라는 낱말은 어떻게 지었을까요? 처음에 '집'이라는 살림이 있어야, 이 살림을 보면서 어떻게 가리켜야 할까 하고 생각하겠지요. '옷'이라는 살림이 없으면 이 살림을 볼 수 없고 어떻게 가리켜야 할까 하고 생각할 일이 없어요. '바다'가 없는 곳에서는 바다를 볼 수 없으니 바다를 가리킬 말을 생각할 일부터 없고, 바다에서 이는 '밀물'이며 '썰물'도 볼 수 없기에, 바다하고 얽힌 '밀물·썰물' 같은 낱말도 태어나지 않습니다.

처음에는 둘레에 '무엇'이 있어야 비로소 이 무엇을 봅니다. 보면서 느낍니다. 느끼면서 받아들여 생각합니다. 생각하면서 궁금하지요. 저 무엇이 무얼까 하고 자꾸 살피지요. 궁금하니 수수께끼가 생기고, 이 수수께끼를 풀려는 마음이 싹트고, 어느새 스스로 수수께끼를 풀어내면 "아! 이렇게 나타내 보자!" 하면서 말이 태어납니다.

말이란, 마음을 나타낸 소리입니다. 말이란, 무엇을 보고 느끼고 생각하고 궁금하게 여기는 마음에서 싹트고 자란 살림과 이야기를 나타낸 소리입니다.

보다 → 느끼다 → 생각 → 궁금 → 수수께끼 → 마음 → 말 → 글

우리는 오래도록 말로만 살림을 짓고 살아왔습니다. 집을 짓고 밥을 짓고 옷을 지으면서 살림을 짓는 동안, 말이면 넉넉했습니다. 풀꽃나무나 들숲바다를 가리키는 말을 하나씩 지었고, 느낌하고 마음도 하나하나 말로 나타내었어요.

글이란, 우리가 나누는 말을 눈으로 볼 수 있도록 담은 그림입

보다 → 느끼다 → 생각하다 → 궁금하다 마음 ↬ 말 ↬ 글

니다. 마음을 담아내기에 말이고, 이 말을 담아내기에 글입니다.

그런데 글이며 말은, 우리를 둘러싼 모든 살림이며 숨결이며 풀꽃

나무이며 들숲바다를 가리키는 이름이니, 글하고 말을 짓는 바탕

은 늘 '삶'입니다.

살아가는 하루를 보고 느끼고 생각하고 마음에 담으면서 말이 싹틉니다. 어떻게 소리로 나타내야 어울리거나 알맞을까 하고 헤아리기에 말을 지어요. 이렇게 지은 말을 언제 어디에서나 눈으로도 알아보면서 나눌 수 있도록 단출하게 그림이나 무늬로 엮기에 글입니다.

[숲노래 날말책]

말 : 생각·마음·느낌을 나타내어서 나누는 소리.

글 : 생각·마음·뜻·일·이야기·몸짓·모습·흐름·하루·삶 들을 눈으로 보아서 알 수 있도록 나타낸 것.

살림 : 1. 어느 한 곳에 모여서 살아가는 일. 2. 살아가도록 갖추거나 두거나 모은 것. (돈·먹을거리·옷) 3. 어느 한 곳에서 살거나 어느 한 곳을 가꾸거나 돌보면서, 다루거나 부리거나 쓰는 여러 가지. (세간) 4. 어느 한 곳을 알맞게 이루거나 꾸리거나 가꾸거나 다스리려고 돈·연장·물건을 돌보거나 살피는 일.

2.
우리 민족은 한글 이전에 어떤 글을 썼나요?

오늘 우리가 쓰는 '한글'은 1910년 무렵에 주시경 님이 지은 이름
입니다. 1443년에는 '훈민정음'이란 이름으로 태어났어요. '한글'
이란 이름으로 글을 쓴 때는 1910년이 지나서요, 이에 앞서는 '훈
민정음'으로 글을 썼는데, 1443년 언저리에는 '훈민정음'이라 했으
나, 한문을 쓰던 이들은 '언문(諺文)'이라 일컬었고, '암클'이라고도
일컬었어요. '언문·암클'은 우리글인 훈민정음을 깎아내리거나
얕잡는 이름입니다.

　　우리가 말을 하는 소리를 고스란히 담아내는 한글이지만,
1443년까지 우리글이 없었으니, 지난날 글을 쓰고 읽던 사람들은
중국 한자를 빌렸습니다. 신라 무렵 '이두(吏讀)·구결(口訣)·향찰
(鄕札)'이란 이름으로 우리 말소리를 담아내려고 애쓴 자취가 있어
요. '이두'는 "한문으로 적는 한자를 중국 말흐름·말짜임이 아닌
우리 말흐름·말짜임으로 적은 글"이고, '구결'은 "한문을 읽기 좋
도록 토(토씨)를 한자를 빌려서 보탠 글"이고, '향찰'은 "우리말을

한자를 빌려서 옮겨적은 글"이에요. 새김·뜻과 읽음·소리에 따라서 우리 말소리를 한자로 옮긴 셈입니다.

보기를 들게요. '李'라는 한자는 '오얏 리'라고 합니다. '오얏'으로 새기고(뜻), '리'로 읽어요(소리). 요새는 '자두'란 낱말을 널리 쓰는데, 지난날에는 '오얏'이란 우리말을 썼지요. 한자는 우리가 쓰는 글씨가 아니었기에, 두 가지로 읽는 셈이에요. '우리말 소리 : 오얏'이고 '한자말 소리 : 리'인 '李'예요.

이런 얼거리를 다 알고서 우리 말소리를 한자에 옮겨서 생각을 나누려 했다면, 꽤 번거롭고 어려웠겠지요. 무엇보다도 한자를 모르면 '이두·구결·향찰' 어느 하나도 못 해요.

그런데 중국 한자조차 빌리지 않던 무렵에는 말소리를 담는 글이 아예 없었겠지요? 그렇지만 우리가 쓰는 말은 안 사라졌답니다. 글은 말을 옮기고 새겨서 남기는 무늬라면, 말은 마음에 옮기고 새겨서 이어가는 바탕이에요. 먼 옛날부터 글을 하나도 모르는 수수한 어머니 아버지가 아이를 낳아 돌볼 적에 '모든 삶을 마음에 말로 옮기고 새겼'기에 오늘날까지 우리말이 이어왔어요.

마음에 새기는 말은 언제까지나 이어요. 말을 옮긴 글이라지만, 마음으로 읽지 않으면 글로 옮겨적어 놓아도 잊어버리기 쉽답니다. 외워서 쓴 말이 아닌, 마음에 차분히 담으면서 깊이 깃들어 흘러온 말이에요. 이제는 누구나 우리글을 누리는 만큼, 말소리만 담아내는 글을 넘어, 마음소리로 엮는 말과 생각과 삶을 가꾸어 보기를 바랍니다.

3.
우리말이 뭐예요?

우리나라 사람이 쓰는 말이기에 '우리말'입니다. 우리 겨레는 '배달겨레'라고도 하기에 '우리말 = 배달말'이기도 합니다. 우리나라를 한자말 이름으로 '한국·대한민국'이라 하기에 '우리말 = 한국말·한국어'이기도 합니다.

지난날에는 그저 '말'이라고만 했어요. '나라말'이나 '국어'조차 아닌 '말'입니다. 이웃나라 일본은 총칼을 앞세워 1900년 언저리에 쳐들어왔어요. 이웃나라는 우리나라를 한참 짓밟고 괴롭혔으며, 그들이 쓰는 말을 우리도 쓰라고 닦달하고 몰아세웠어요.

이웃나라 총칼에 짓밟히면서 '말'을 빼앗기던 1910~1945년에 이르기 앞서까지는 '말'을 깊이 생각하는 사람이 드물었다고 합니다. 말을 빼앗기자 비로소 "그냥 쓰는 말이란 없구나" 하고 깨달았다지요. 이러면서 "너희 나라 말(총칼로 쳐들어와서 짓밟은 나라에서 쓰는 말)"이 아닌 "우리가 예부터 물려주고 물려받으면서 쓴 말"을 쓰겠다고 외치는 목소리가 샘솟아요. 이때부터 따로 '우리말'이

미래 세대를 위한 우리말과 문해력

란 이름이 태어납니다.

　'우리말'이라고 할 적에는 "남이 쓰라고 시키거나 내모는 말이 아니"라는 뜻입니다. "우리가 스스로 생각하고 사랑하는 마음으로 즐겁게 쓰는 말"이라는 뜻입니다. 우리 나름대로 곰곰이 생각해 보고서 쓸 만하구나 싶어서 맞아들이면 우리말 품으로 담아요. 새살림이나 새길을 밝히는 새말이라고 여기면 기꺼이 받아들여서 '우리말'로 삼습니다.

　다만, 바깥말(외국말)을 무턱대고 받아들인다면 우리말이라 하기 어려워요. 이때에는 들온말(외래말·외래어)이나 바깥말(외국말·외국어)로 가릅니다. '버스'나 '택시' 같은 말을 영어로 여기지 않아요. '기차'나 '연필'을 한자말로 여기지 않아요. 이런 영어나 한자말은 "들어온 우리말"이란 뜻인 '들온말'입니다.

　이와 달리 '플로깅'이나 '비치코밍'이나 '그린워싱' 같은 말씨는 바깥말(외국어)이에요. 둘레에서 이런 말을 제법 쓰더라도 낯설 수밖에 없거든요. '플로깅'이라면 '마을빗질'로, '비치코밍'이라면 '바다빗질'로, '그린워싱'이라면 '푸른척·푸른속임' 같은 우리말로 옮길 만합니다.

ㄱ. 우리가 쓰는 말

ㄴ. 우리나라 사람이 쓰는 말

ㄷ. 우리가 예부터 물려주고 물려받으면서 쓴 말

ㄹ. 우리가 스스로 삶을 짓고 서로 사랑하고 함께 나누면서
　하루하루 즐겁게 일군 말

ㅁ. 우리 스스로 생각해서 쓰는 말

ㅂ. 우리 나름대로 삶을 가꾸고 지으면서 새롭게 나누는 말

　우리말이란 무엇인가 하고 더 생각해 볼게요. 남이 아닌 '우리'
가 '스스로', '생각'하면서 '즐겁게' 쓰기에 우리말입니다. 남이 지
어 주거나 손질해 주는 말이 아닌, 우리가 스스로 생각을 기울여
즐겁게 짓거나 손질하거나 가꾸기에 우리말이에요. 어른이 나서
서 새롭게 짓거나 손질할 때가 있고, 푸름이가 함께 새롭게 짓거
나 손질할 때도 있어요. 스스로 이 삶을 슬기롭게 북돋우려는 마
음이 피어나기에 우리말을 돌보면서 살찌웁니다.

　너무 낯설거나 어려워 보이는데도 어른들이 그냥 쓰는 바깥말
이 꽤 있지요? 이때에 여러분이 스스로 우리말을 새롭게 빛내고
가꾸어 보기를 빕니다.

4.
100년 전 우리말과
지금 쓰는 우리말은 뭐가 다른가요?

손전화를 널리 쓰고, 셈틀(컴퓨터)로 일을 하는 오늘날에는 손전화·셈틀하고 얽힌 말이 아주 많아요. 부릉부릉 달리는 길이 넓은 오늘날이지만, 100해 앞서는 누구나 걸어다녔고, 말을 타는 나리가 이따금 있습니다. '자동차·고속도로·버스·택시'뿐 아니라 '여행·회사·공무원·선생님·교사·학교' 같은 말도 100해 앞서는 아예 없거나 매우 낯선 낱말입니다.

　손수 흙을 짓던 지난날 사람들이 쓰던 연장인 쇠스랑·가래·도리깨 같은 낱말을 오늘날 푸름이는 까맣게 모를 만해요. '절구·맷돌'을 지난날에는 늘 썼으나 오늘날에는 안 쓰니, 이 낱말조차 잊힐 만하지요. 지난날에는 염통·허파·콩팥·골 같은 이름만 썼다면, 오늘날에는 심장·폐·신장·뇌 같은 한자말을 훨씬 널리 써요. 지난날에는 "흙을 짓는다"나 "여름을 짓는다"고 했다면 오늘날에는 '농업'이란 한자말을 쓰고, 지난날에는 '서울'

이란 말뿐이었다면 요새는 '도시·시티' 같은 한자말하고 영어를 써요.

지난날하고 오늘날은 먹을거리도 옷차림도 집도 달라요. 지난날에는 누구나 스스로 밥옷집을 지어서 누렸어요. 오늘날에는 거의 모두 돈을 벌어서 밥옷집을 사다가 누려요. 밥옷집을 스스로 지어서 누릴 적에는, 말도 스스로 지어서 누리지요. 그래서 지난날에는 고장마다 사투리(고장말)만 썼고, 이 사투리가 매우 달라요. 사투리는 고장뿐 아니라 고을도 달랐고, 마을도 달랐지요. 지난날은 고장·고을·마을이란 이름이고, 오늘날은 시·도와 군·읍·면·동입니다. 그리고 제주말에 남은 '아래 아(·)'라는 말씨를 100해 앞서는 어디서나 널리 썼지만 이제는 거의 사라졌어요.

말은 삶

삶은 말

우리가 쓰는 말은 늘 우리 삶을 담아요. "말은 삶"이면서, "삶은 말"입니다. 우리가 보내는 하루(삶)는 "우리가 쓰는 말"에 그대로 드러나요.

100해 앞서는 모든 일을 손으로 했어요. 요새는 손으로 하는 일이 드물면서 글씨를 쓸 적에도 따로 '손글씨'라 하지만, 100해 앞서는 누구나 손으로만 글을 썼으니 지난날 사람들은 '손글씨'를 못 알아들을밖에 없습니다.

지난날 두루 쓰던 우리말이란 '흙살림말'이에요. 오늘날은 시골이 아주 줄고, 거의 모두 서울(도시)이 되었습니다. 오늘날은 '서울말'이지요. 100해 앞서 사람들은 오늘날 서울말을 하나도 못 알아들으리라 봅니다. 지난날에는 그저 '집'이지만, 오늘날에는 '빌 딩 · 아파트 · 상가 · 건축 · 건물 · 부동산 · 주택 · 단독주택 · 임 대 · 임차 · 전세 · 월세 · 옥탑 · 반지하 · 지하 · 연립 · 오피스텔……' 이렇게 갖가지 말씨가 있잖아요? 이 모든 말씨를 지난날 사람은 뜬구름 잡는다고 여길 만합니다.

삶이 다르면 말이 다릅니다. 바깥말(외국말)하고 우리말이 다른 결도 이와 같아요. 이웃나라하고 우리나라는 삶이 다르니 말이 저 절로 다릅니다. 북녘하고 남녘은 삶이 비슷하기에 말이 거의 같지 만, 하나인 나라가 둘로 갈리면서 어느덧 삶이 퍽 갈려서 남북녘 이 쓰는 말이 이제는 꽤 다르답니다.

5.
국어는 무슨 뜻인가요?

한자말 '국어(國語)'는 뜻으로 보자면 '나라말'입니다. 그렇지만 이 한자말을 굳이 어느 나라도 안 썼어요. 우리나라로 보자면, 예부터 '조선말 · 고려말'이고, '신라말 · 고구려말 · 백제말 · 가야말 · 부여말 · 발해말'이거든요. 나라이름을 앞에 넣고서 어느 '말'인가를 밝혔습니다. 중국도 '중국말'이고 일본도 '일본말'이었어요. 국립국어원 낱말책(사전)을 펴면 '국어'를 "1. 한 나라의 국민이 쓰는 말 2. 우리나라의 언어. '한국어'를 우리나라 사람이 이르는 말"로 풀이하지만, 이 뜻풀이는 다 틀렸다고 할 만합니다.

한자말 '국어'는 일본 우두머리가 이웃나라로 쳐들어가서 윽박지르며 퍼뜨렸어요. "일본말을 나라말로 세우려고 붙인 이름"이거든요. 여러분이 다녔던 배움터(학교) 이름이 '초등학교'이지요? 예전에는 '국민학교'란 이름이었답니다. 그런데 '국민'이란 한자말이 "일본 우두머리를 섬기는 나라에서 사는 사람"이란 뜻이기 때문에 고쳐야 한다고 외친 사람들이 많았어요. '국민 · 국어 · 국가·국기'처럼 '국(國)'이란 한자가 붙은 낱말은 일본이 우리나라를 짓밟고 괴롭히기 앞서까지는 쓸 일이 없다시피 했어요.

우리가 아직 씻어내지 못한 찌꺼기 가운데 으뜸으로 칠 만한 낱말인 '국민·국어'랍니다. 이 뿌리나 흐름이나 얼개를 헤아리면서 '우리말' 같은 이름이 태어났다고 할 만해요. 이웃을 이웃으로 여기지 않고서 총칼을 앞세우거나 윽박지르는 이들한테서 스스로 지키고 돌보자는 뜻인 '우리말'입니다.

1928년에 나온 《普通學校 全科模範正解 第貳學年 前編》(보통학교 전과모범정해 제2학년 전편)이라는 책이 있어요. 온통 한자로 적은 곁배움책(참고서)입니다. 오늘날로 치면 어린배움터(초등학교)를 다니는 예전 어린이가 보던 책인데, '조선어과(朝鮮語科)'하고 '국어과(國語科)'로 가릅니다. 지난날 나온 배움책을 돌아보아도 알 수 있듯, 예전에는 '우리말 = 조선말(조선어)'이었고, '일본말 = 국어'였어요.

우리가 '국민학교'라는 이름에서 '국민'을 떼어내기는 했지만, 아직 "국민 여러분"이라든지 "국민 오빠"나 "국민 가수" 같은 데에서 철없이 쓴답니다. 앞으로는 이런 슬프고 아픈 말씨를 씻어낼 수 있기를 바라요. 그리고 우리로서는 '우리말'이라 하면 되고, '한겨레말'이라 할 수 있고, '한글'하고 짝을 맺어 '한말'처럼 새 이름을 지을 수 있어요.

　여러분이 소매를 걷어붙인다면 확 바꿀 수 있으리라 생각해요. 이제부터는 '국어'가 아닌 '우리말'을 배우고, '한글·한말'을 사랑하자는 목소리를 함께 외쳐 볼까요? 너울너울 따사로이 한글 물결에 한말바람이 일어나기를 바랍니다.

2

꼭 표준어를 써야 하나요?

6.
지구촌이라는 데 언어도 통일하면 좋지 않을까요?

모든 나라·겨레가 달라요. 미국을 보든 영국을 보든 사투리가 어마어마합니다. 일본이며 중국도 사투리가 대단해요. 우리는 바깥말(외국말)을 배울 적에 그 나라 서울말(표준말)을 배우는데, 이 말씨만으로는 좀처럼 생각을 나누기 어렵답니다. 정작 온누리 모든 나라는 "그 나라 서울말(표준말)"뿐 아니라 "그 나라에서 마을이 깃든 터에 따라 다 다른 살림을 담아내는 다른 말씨인 사투리"를 널리 쓰거든요.

"말 하나 쓰기(언어 통일)"란 사투리를 없애자는 소리가 되기 쉬워요. 풀꽃나무에 들숲바다에 날씨에 모두 다른 터전에 맞추어 다 다르게 살아오며 저마다 스스로 지어서 쓰는 말씨가 태어났는데, 이를 억지로 하나로 그러모아도 될는지 생각해 보아야지 싶어요.

그래서 모든 나라·겨레가 다르기에 "말 하나로 맞추기(언어통일)"가 아닌 "함께 쓸 말(공용어)"을 세우곤 합니다. 우리나라로 치자면 서울말을 "함께 쓸 말"로 삼는다고 할 만합니다. 경상말·전라말·제주말·강원말·충청말이 모두 다르되, 서로 나란히 쓸 말을 서울말로 삼는 셈입니다.

여러 나라 사이에서는 영어나 에스파냐말(스페인말)이나 프랑스말을 "함께 쓸 말"로 삼곤 해요. "한 가지 말"로 틀을 세우기보다는 "함께 쓸 말"을 서로 배우는 길이 즐겁고 아름답다고 생각하기 때문입니다. 서로 아끼고 돌보면서 사랑하려는 마음이기에 "한 가지 말 쓰기"가 아닌 "함께 쓸 말을 서로서로 배우기"를 합니다. 그래서 이웃나라에서 우리말을 배우려고 찾아오는 사람도 많아요. 저마다 이웃말을 새롭게 배우면서 이웃살림을 새롭게 읽고, 이웃사람을 즐거이 사귀는 길을 엽니다.

앞서 '국어'를 다뤘는데, '지구촌'이라는 낱말을 곰곰이 생각해 볼까요? 영어 "global village"를 일본에서 '地球村'으로 옮겼고, 우리는 이 한자말을 한글 '지구촌'으로 적으면서 받아들였어요. 저는 이 말씨를 '푸른별'로 손질해서 씁니다. 이 별을 굳이 '마을'로 읽어도 좋으나, 이보다는 '다 다른 마을이 저마다 푸르게 빛나는 별'이라는 얼거리로 바라보기를 바라요.

우리 별은 '공'입니다. 아주 동글동글하지는 않아도 '공'처럼 생

긴 별이에요. 우리가 바라보는 해도 '공'이라 할 만하지요. 달도 그렇고, 숱한 별도 '공'을 닮아요. 공을 닮은 별은 위나 아래가 따로 없어요. 모든 곳이 한복판입니다. 우리가 사는 곳인 마을도 어느 하나를 앞세울 까닭이 없이 저마다 새롭게 빛나는 터전으로 바라볼 만합니다. 그래서 이 푸른별 또는 푸른마을에서 쓸 말이라면, "푸르게 나누는 말"이나 "푸르게 사랑을 속삭이는 말"로 나아가기를 바랍니다.

'마을'이라는 곳은 "보금자리를 이룬 사람들이 모인 터전"이에요. 억지로 하나로 뭉뚱그리기에 마을이라 하지 않아요. 저마다 다른 살림을 짓는 보금자리를 있는 그대로 품기에 마을이라 합니다. 모두 똑같은 때에 일어나서 똑같은 밥을 차리고 똑같은 옷을 입고 똑같은 일을 하고 똑같이 잠자리에 들어야 할까요? "한 가지 말을 쓰자"는 "저마다 다른 삶빛을 받아들이지 않겠다"는 뜻으로 치닫곤 합니다. 왜냐하면 말은 삶을 담기에 "한 가지 말 = 한 가지 삶"이라는 얼개요, "한 가지 말만 쓰자 = 한 가지 삶으로 똑같이 맞추자"로 흐르게 마련입니다.

7.
수화도 우리말인가요?

수화도 우리말인데, '수화(手話)'라는 낱말은 일본말입니다. 요새는 '수어'로 바꾸어 쓰고, 우리나라는 2016년에 '한국수화언어법'이라는 이름으로 새길을 마련하는데, '언어법'처럼 어려운 말씨도 일본말이에요.

손말은 틀림없이 우리말인데, 우리나라 손말은 처음에 '일본 손말'을 바탕으로 들여왔다고 해요. 일본도 처음부터 '일본 손말'이 있지는 않았고, 유럽에서 처음 지은 손말을 일본 터전에 맞게 고쳐서 썼다고 합니다. 우리는 일제강점기에 일본말·일본글과 함께 일본 손말을 써야 했고, 이제서야 '우리 손말'을 찾는 길을 닦는다고 할 만합니다.

손말은 나라마다 다릅니다. 나라마다 삶·살림이 다르기에 다 다른 삶·살림을 담아내는 말씨는 다르게 마련이에요. 우리는 ㄱㄴㄷ 같은 한글을 쓰지만, 일본은 あいう(아이우) 같은 글씨를 쓰고, 유럽은 ABC(에이비씨) 같은 글씨를 쓰기에, 이러한 글씨를 담아내는 손말은 다를 수밖에 없어요.

삶·살림이 다르기에 저마다 다르게 말글을 쓴다는 대목을 조금 더 헤아려 보기를 바라요. 우리말 '벙어리·귀머거리·장님'은 낮춤말로 여기면서 한자말 '농인·청각장애인·시각장애인'은 낮춤말이 아니라고 여겨 버릇합니다만, 왜 우리말만 낮춤말로 여겨야 할까요? 뜻이 같아도 우리말로 나타낼 적에는 왜 낮춤말로 삼으려고 할까요?

우리말 '벙어리'는 '벙긋·봉긋'이나 '바위·버위'에서 비롯합니다. 소리가 나지 않게 입을 움직이는 모습을 '벙긋'으로 그리고, '봉긋'은 소리가 없는 듯이 가만히 벌어지는 모습을 가리켜요. 꽃이 봉긋 핀다고 하지요. 사람은 '벙어리'이고, 꽃은 '봉오리'입니다. 멧자락은 '봉우리'이지요. '벙어리·봉오리·봉우리'는 쓰임결하고 뜻만 다를 뿐 말밑(어원)은 똑같습니다. '바위'란 커다란 돌이고, 좀처럼 꿈쩍하지 않는, 단단히 버티는 숨결입니다. 우리말로 보자면, 입으로 소리를 내지 않는 사람을 가리키는 '벙어리'는, 피어나려는 봉오리(꽃)처럼 고요하면서 맑은 숨결이자, 단단하게 삶터를 지키는 바위나 멧자락처럼 넉넉하고 푸른 숨빛 같다는 속내가 깃든 셈입니다.

우리말 '귀머거리'는 '귀 + 먹다 + 이'인 얼거리인데, '먹다·머금다·막다'가 같은 말밑입니다. "속으로 감겨들면서 바깥에서 들어오지 않도록 하다"를 나타냅니다. 이슬을 머금는 풀꽃나무처럼, 마음으로 머금는 결이 '귀를 먹은(머금은) 사람'입니다. 비슷한 얼개로 '코머거리'가 있습니다. 저는 어릴 적부터 '축농증'을 호되게 앓았어요. 코로 숨을 쉬기 어려운 사람을 나타내는 오랜 우리말은 '코머거리'입니다. 코로 바깥숨이 들어오지 못한다는 뜻입니다.

우리말 '장님'은 '자다'가 말밑입니다. 잠을 잔다고 합니다. 잠을 자려면 눈을 감고 몸에서 기운을 다 내려놓습니다. '자다 = 꿈'입니다. 마음으로 빛을 보고, 마음으로 새롭게 삶을 그리는 길이 꿈이요 잠이에요. '장님'이라는 우리말은 "눈으로 이 삶을 바라보는 사람하고 다르게, 마음으로 이 삶을 마주하는 사람"을 가리키는 이름입니다.

8.
모든 말이 사투리라고요?

'사투리'란 우리가 작은 집·마을·고을로 살면서 살림을 손수 짓던 무렵에 스스로 제 삶에 맞추어 지은 말씨입니다. 아직 사투리가 남은 곳이라면 먼 옛날부터 손수 지은 삶·살림을 고스란히 잇는다는 뜻입니다. 사투리를 쓰는 사람은 손수 짓는 삶·살림이 어떤 뿌리인가를 곰곰이 생각하고 새긴다는 뜻이에요.

오늘날은 '우리나라(한국)'라는 틀이 선 뒤에 말을 배우기에 '서울말(표준말)'을 배워요. 그러나 고구려·백제·신라·가야·부여·옥저'로 나라(또는 큰고장)가 다를 적에는 말도 달랐습니다. 다르게 살던 나라를 하나로 묶으면서 "똑같은 말을 써야 이야기가 흐른다"고 여겨 어느새 서울말을 널리 쓰도록 했어요.

전라도하고 경상도는 터나 날씨가 달라요. 강원도하고 충청도도 터하고 날씨가 달라요. 경기도하고 서울도 터나 날씨가 다르고, 남녘하고 북녘도 터하고 날씨가 다릅니다. 다른 터전에서 태어나 다른 날씨를 마주하면서 살아가기에 '늘 쓰는 말'은 '다른 터하고 날씨를 살피는 말씨'로 나아가게 마련이에요.

다 다른 터에서 살아가는 다 다른 사람이기에 다르게 말하고, 이 다른 말씨가 바로 '사투리'입니다. 사투리를 읽거나 들을 적에는 "이곳은 어떤 터전이고 날씨이고 삶이고 살림인가?" 하고 돌아볼 만합니다. 제주에서 제주말을 들을 적에는 '서울하고 다른 말'일 뿐 아니라, '서울하고 다른 터하고 날씨에 맞게 제주사람이 손수 지은 살림살이가 묻어난 말'을 듣는 셈입니다.

사투리를 배운다면 나하고 다른 이웃을 그대로 바라보면서 사귀는 마음이에요. 상냥하면서 사랑스레 지내고 싶은 이웃이라고 여기니 서로 사투리를 배울 만합니다. 서울(표준)만 앞세운다면 다 다른 사람을 똑같은 틀에 가두기 쉬워요.

광주 사투리란, 광주사람 삶과 살림이 묻어난 말입니다. 부산 사투리란, 부산사람 삶과 살림이 웃음과 눈물로 어우러진 말입니다. 춘천 사투리란, 춘천사람 삶과 살림이 해바람비에 눈얼음이 고루 섞여서 빛나는 말입니다. 동무하고 나하고 다른 사람이자 숨결이기에 조금씩 말이 달라요. "서로 다르기에 서로 아

끼고 사랑할 숨빛이라고 느끼도록 즐거이 나누는 말"이 사투리라고도 할 만합니다.

모든 말은 사투리입니다. 서울 말은 "서울 사투리"입니다. 영어도 영국 영어하고 미국 영어가 달라요. 그런데 영국 런던 영어하고, 영국 맨체스터 영어도 달라요. 미국 뉴욕 영어하고 시애틀 영어도 다릅니다.

9.
왜 지역마다 쓰는 말이 다른가요?

'사투리'란 "스스로 짓는 삶이 드러나는 말"이라고 할 만해요. 우리한테 스스로 짓는 삶이 없다면 사투리가 없어요. 우리가 똑같이 배우고 똑같이 일하며 똑같이 살아갈 적에는 사투리가 없답니다. 기계한테는 사투리가 없어요. 그저 사람이 시켜서 똑같이 움직이도록 하는 소리만 있어요.

'말'이라는 낱말은 '소리'하고 달라요. 뜻이나 생각을 담지 않고 흐르기에 귀에 들리는 '소리'입니다. 뜻이나 생각을 담아서 들려주려 하기에 '말'입니다. 그런데 뜻이나 생각을 모두 똑같이 틀에 박아 놓으려고 한다면, 이러한 뜻이나 생각은 사람마다 다른 길·삶·살림·사랑을 억누르지요.

남한테 기대지 않고서 스스로 삶을 헤아려서 가꾸기에 사투리가 태어납니다. 남이 시키는 대로 고분고분 따르기보다는, 손수 살림을 짓고 스스로 할 일을 스스로 생각해서 펴기에 사투리가 자라나요. 사투리는 고장·고을·마을·집마다 다르기도 하지만,

자리마다 다르기도 합니다. '자리'란 배움자리·일자리·놀자리·살림자리·숲자리를 모두 아울러요.

여러분, 둘레를 가만히 봐요. 우리 배움터하고 이웃 배움터에서 쓰는 말이 안 같습니다. 사람들은 모두 똑같은 일을 하지는 않기에, 일자리(일터)마다 말이 또 다릅니다. 사람들이 즐기는 놀이가 다르다면 놀이말이 또 달라요. 우리나라 사람이 숲에 깃들어 풀꽃나무를 바라보면서 붙이는 풀이름·꽃이름·나무이름은 이웃나라 사람이 이웃나라 숲에 깃들어 이웃나라 풀꽃나무를 바라보면서 붙이는 이름하고 달라요.

더구나 이 풀이름·꽃이름·나무이름은 사람들 스스로 살아가는 숨빛이나 살림살이에 따라서 다르지요. '고장·고을(지역)'마다 다른 말씨인 사투리란, '고장·고을(지역)'마다 다르게 삶을 배우고 살림을 가꾸고 사랑을 편다는 이야기를 들려줍니다. 우리가 저마다 스스로 하루를 짓고 나누면서 즐겁게 살아가기에, 사투리가 이토록 다른 모습으로 드러납니다.

이야기(의사소통)를 펴기에 알맞도록 서울말(표준말)을 쓰기도 합니다. 책이나 새뜸(신문과 방송)을 보면 모두 서울말이에요.

일본이 우리나라를 총칼로 억누르던 무렵에, 일본 우두머리는 우리가 우리말(한국말)을 못 쓰도록 윽박지르고 일본말을 쓰라고 닦달했습니다. '우리말'을 쓰면 우리가 손수 삶을 짓고 스스로 서기(독립)를 꾀할 테니, 우리나라 사람들이 스스로 서기를 아예 잊어버리도록 틀에 가두는 말(표준말·일본말)만 쓰도록 다그쳤어요.

사투리는 "스스로 서는 말"이에요. 사투리는 "스스로 생각하는 말"이에요. 사투리는 "스스로 사랑하는 말"이에요. 사투리는 고장마다 다르기도 하지만, 무엇보다 사람마다 다르답니다. 누구나 다르게 스스로 사랑하면서 즐겁게 짓는 말이기에 사투리예요. 여러분이 마음으로 스스로 사랑하는 뜻을 품고서 즐거이 말꽃을 피우기를 바랍니다.

새뜸 (새 + 뜨다 + ㅁ)

1. 새로 들려오거나 듣는 말이나 이야기. 가깝거나 먼 여러 곳에서 새로 나타나거나 일어난 이야기를 알리거나 들려주는 말과 글.
2. 어둠을 벗고서 새길을 보다. 이제부터 새롭게 처음으로 나아가는 길을 보려고 허물과 허울과 껍데기를 깨고서 나오다.

10.
꼭 표준어를 써야 하나요?

한자로 적는 '표준말(표준어 · 標準語)'은 "표준이 되거나 표준으로 삼은 말"입니다. 한자말 '표준'은 우리말로는 '자 · 잣대'나 '틀 · 틀거리'나 '얼개 · 얼거리'나 '눈금 · 눈높이'로 풀어낼 만합니다. 다 다른 사람이 생각을 나누려 할 적에 '다 다른 말'을 쓴다면 아무래도 엉키거나 뒤죽박죽이거나 헷갈리거나 모르기 쉽습니다. 경상사람하고 전라사람이 저희 고장말만 쓴다면 알 듯 모를 듯하면서 헷갈리기 쉽습니다. 제주사람이 제주말만 쓴다면 서울사람뿐 아니라 강릉사람이나 대전사람도 아리송하거나 몰라서 쩔쩔맬 테지요.

　우리가 저마다 살아가는 터전(마을 · 고을 · 고장)에서는 저마다 사투리(마을말 · 고을말 · 고장말)를 쓰더라도, 나란히 어울리거나 만나는 자리에서는 안 헷갈리면서 바로바로 알 만하도록 틀을 잡으려는 표준말입니다. 그런데, 다 다른 사람들이 쓰는 말씨를 추슬러서 '한 가지 틀'에 따라 '함께 쓸 말'을 살펴야 하다 보니, 아무래도 나라 한복판이라 할 서울말을 바탕으로 추스릅니다. 서울말도 "서울 사투리"입니다만, 되도록 "서울 사투리"보다는 "온나라 말씨"
로 틀을 가다듬으려고 합니다.

이와 같은 서울말(표준말)이니, 말글 모두 맞춤길을 살피자고 하
고, 띄어쓰기도 가리자고 합니다. 그래서 "표준말 : 교양 있는 사
람들이 두루 쓰는 현대 서울말"이라고도 하는데, 이러한 틀은 프
랑스에서 1600년대부터 세웠습니다. 이 틀을 영국도 독일도 미국
도 일본도 받아들였고, 우리도 고스란히 받아들였습니다.

'교양 있는 = 많이 배운'입니다. 우리나라도 그렇습니다만, 프
랑스에서도 예전에 '교양 있는·많이 배운' 사람이란 우두머리·임
금이나 벼슬아치(관리·공무원)나 나리(양반·귀족)였습니다. 수수하게
살아가는 사람들은 '교양 없는·적게 배운' 사람으로 여겼습니다.
이러다 보니 쉽고 수수하게 쓰는 우리말은 '교양 없는' 말인 듯 깎
아내리기도 합니다. 우리말 '밥'은 낮다고 여기고, 한자말 '식
사·음식·요리'라 해야 높다고 여기지 않나요? 그런데 '밥'이라는
우리말은 '진지'란 높임말이 있어요. "밥을 먹다"는 "밥을 드시
다·밥을 자시다"처럼 높임말이 따로 있습니다.

"서울말(표준말) : 많이 배운 서울사람 말씨"처럼 틀을 잡다 보
니까, 그만 우리 스스로 우리말을 낮추는 모습이 불거지기도 합니

다만, 이러한 대목은 앞으로 차근차근 손질할 노릇입니다. "서울말(표준말) : 생각을 즐거이 나누고, 이야기를 반가이 펴는 길에 살피려고 맞추는 말씨"로 바라보아 주기를 바랍니다. 그래서 저는 '표준말(표준어)'을 다음처럼 새롭게 뜻풀이를 해놓습니다.

표준어 → 서울말

서울말 : 사람들이 생각을 나누려 할 적에 엇갈리거나 틀리거나 힘들지 않도록 틀을 잡아서 쓰는 말. 어느 곳에 살든지 똑같거나 나란히 쓰자는 뜻으로, 사람이 가장 많이 살면서 나라 한복판인 서울에서 사는 사람이 두루 쓰는 말씨를 바탕으로 틀을 잡은 말.

11.
띄어쓰기를 꼭 해야 하나요?

말을 할 적에는 아무도 띄어쓰기를 안 살펴요. 글을 쓰면서 비로소 띄어쓰기를 살핍니다. 우리가 쓰는 말을 처음 글로 담던 옛날에는 띄어쓰기가 없어요. 말소리를 그대로 담은 '띄어쓰기 없는 글'이어도 소리내는 결을 헤아리면 찬찬히 읊을 만했어요.

띄어쓰기는 알파벳을 적는 이웃나라에서 들어왔어요. 우리말을 옮긴 한글은 굳이 띄어쓰기를 안 해도 크게 헷갈리지 않지만, 알파벳으로 적는 글은 띄어쓰기가 없으면 아예 못 읽어요.

오늘날 우리는 '우리말'만 쓰지 않고 '중국 한자말'이나 '일본 한자말'에다가 '영어'까지 치고 들어오니 띄어쓰기를 안 하고서는 무슨 말을 옮긴 글인지 알아보기 어렵다고 할 만합니다. 그래서 예전에는 '한자말'을 쉽게 알아보려고 한자를 드러내어 적기 일쑤였고, '영어'를 알아채려고 밑줄을 긋거나 꼭지(점)를 찍어서 티를 냈습니다. 이러다가 중국·일본 한자말하고 영어가 물결처럼 쏟아지니 띄어쓰기를 할 수밖에 없어요. 그런데 막상 띄어쓰기를 하고 보니 한결 빠르고 쉽게 읽을 만한 줄 깨달았어요.

알파벳으로 적는 나라는 어김없이 띄어쓰기를 하지만, 알파벳으로 적지 않는 나라는 굳이 띄어쓰기를 안 합니다. 중국이나 일본을 보면 알 만하지요. 우리나라도 띄어쓰기가 없이 글을 적을 만합니다만, 띄어쓰기를 안 하면서 말을 글로 옮기자면, '한자말이나 영어를 모두 우리말로 쉽게 고쳐쓰거나 옮겨야'겠지요.

어느 모로 본다면, 오늘날 우리가 쓰는 말이 안 쉽기 때문에 말마디하고 말마디 사이를 띄어야 한다고 여길 만해요. 우리가 서로 쉽게 추스른 말마디를 쓴다면 띄어쓰기가 없어도 될 만해요. 그리고 여럿이 보는 자리라면 띄어쓰기를 하면 나아요. 혼자 읽을 글이라면 굳이 띄어쓰기를 안 할 만해요.

띄어쓰기가 맞느냐 틀리느냐에 매이지 않기를 바라요. 띄어쓰기는 늘 바뀌거든요. 우리가 널리 쓰지만 아직 낱말책에 안 오른 낱말이라면 띄어쓰기를 하라고 하는데, 어느 날 새말이 낱말책에 오르면 그때부터는 붙여쓰기를 하라고도 한답니다. 다시 말하자면, 말하는 결을 살펴서 띄어서 쓸 적에 알맞아요.

똑같다 · 똑 같다

처음부터 '똑같다'처럼 붙여쓴 말이 아니요, '띄어쓰기'란 낱
말조차 처음에는 '띄어 쓰기'로 흔히 적었답니다. '띄어쓰기'처럼
붙여써야 읽기도 보기도 좋다고 여겨, 이렇게 붙여서 씁니다.
'똑 같다'로 띄기보다는 '똑같다'가 낫다고 여겨 새말이 태어났습
니다.

국립국어원은 2014년 11월에 '신나다'를 붙여서 쓴다고 밝혔어
요. 사람들은 진작부터 '신나다 · 재미나다 · 짜증나다'처럼 쓰는데
매우 늦은 일이었어요. 그런데 '신나다'는 붙여쓰기라지만, '신명나
다 · 신바람나다'는 아직 붙여쓰기가 아니라 하고, '짜증나다'도 여
태 국립국어원에서 받아들이지 못하더군요.

12.
왜 맞춤법에 맞추어서 써야 하나요?

맞추는 길이라 '맞춤길(맞춤법)'이라고 합니다. 입으로 말할 적하고 눈으로 읽을 적에는 말글을 좀 다르게 받아들이기에 이 맞춤길을 따지곤 합니다.

우리는 어디로 가려고 '버스'를 타곤 합니다. 영어 'bus'를 한글 '버스'로 적는데, '벼스·버수'나 '바스·뱌스'라 적으면 알아볼까요? 못 알아볼 만하지 않을까요?

동무한테 글월을 적는데 '됴아하는'이라 적으면 못 알아보겠지요. '좋아하는'으로 적어야 알아볼 테지요. 우리가 서울이나 부산에서 살든, 광주나 대구에서 살든, 인천이나 강릉에서 살든, 원주나 전주에서 살든, 서귀포나 영암에 살든, "생각하는 마음을 옮기는 말을 적은 글"을 "누구나 똑같이 적어서 한결 쉽고 빠르게 알아보도록 하자"는 뜻에서 맞춤길을 세웁니다.

가까운 사이라서 늘 마주한다면 입으로 사투리를 써도 즐겁고, 글에 사투리를 써도 살갑습니다. 그런데 낯선 사람한테 사투

리를 쓰기만 하면, 낯선 사람은 하나도 못 알아보겠지요. 고장마다 고장말이 있기에, 다른 고장으로 떠나지 않고 오래도록 보금자리를 지키며 살아가기에, 스스럼없이 고장말(사투리)만 쓰시는 분이 있어요. 다른 고장 사람을 만나리라는 생각을 하지 않는다면, 홀가분히 고장말(사투리)을 쓸 만합니다.

　다른 고장 사람을 만나는구나 하고 생각하거나 느끼기에, 다른 고장으로 찾아가거나 나들이를 가기에, 이때에는 '맞춤길에 따르는 말글'을 살펴서 쓴다고 하겠습니다.

　우리가 맞추는 말틀이나 글틀은 '서울말'입니다. 서울이 가장 크고 사람이 많기도 해서 서울말로 맞춘다고 하겠습니다. 여느 자리에서는 가볍게 고장말을 쓰고, 여러 고장에서 살아가는 사람이 어울릴 적에는 서울말로 맞추어 주는 셈입니다.

　나랏일을 맡는 곳(국회의사당)에는 나라 곳곳, 그러니까 다 다른 고장에서 찾아온 일꾼이 모여요. 다 다른 고장에서 나고자란 사람들은 말씨가 다 다를 테지요. 이 사람들이 제 고장말(사투리)만 쓴다면 나랏일을 못 다루겠지요. 말이 다 달라서 서로 못 알아들을 테니까요.

　여러분이 다니는 배움터가 서울이든 제주이든 대전이든 문산이든, 모든 말씨를 서울말로 맞추어서 가르치고 배웁니다. 배움책(교과서)도 서울말로 엮고, 여느 책도 서울말로 내놓아요.

　누가 듣거나 읽을는지 모르기에, 누구라도 듣거나 읽기에 쉽도록 맞춤길을 살펴서 서울말로 한다고 하겠습니다. 우리 곁에 있는 사람이 쉽게 읽거나 듣기를 바랄 적에는 고장말(사투리)을 쓰고, 우리나라 어느 고장에서 살아가는 누구라도 쉽게 읽거나 듣기를 바랄 적에는 서울말에 맞추어 씁니다.

3
우리글 이름을 왜 한글이라고 하나요?

13.
한글은 누가 지었고 왜 지었나요?

1443년, 세종 임금이 '훈민정음'이란 글씨를 지어서 선보입니다. 이윽고 집현전 사람들한테 "'훈민정음'이라는 글씨를 어떻게 왜 지었는가를 풀이하는 책"을 쓰라고 맡기지요. 1446년에 《훈민정음 해례본》이 나옵니다. 1445년에는 훈민정음이라는 글씨로 《용비어천가》라는 글을 지어 1447년에 책으로 묶습니다.

1448년에는 집현전 사람들이 《동국정운》을 엮어서 내놓습니다. 《동국정운》은 조선사람이 중국글인 한자를 어떻게 소리내어야 올바른가 하고 '훈민정음'으로 토를 붙여서 소릿값(발음)을 밝히는 책입니다. 18000 가지가 넘는 한자에 훈민정음으로 소릿값을 붙여놓았습니다.

1481년에는 《삼강행실도》를 훈민정음으로 옮깁니다. 잇달아 《열녀도》를 훈민정음으로 옮기는데, '나라에서 세운 틀(도덕)'을 사람들이 고스란히 따르라는 뜻을 편 셈입니다.

세종 임금은 나라에서 펴는 뜻(정책)을 널리 알리는 길로 훈민정음을 쓰려고 했습니다. 조선 무렵에는 누구나 글을 배우거나 쓸 수 없었습니다. 붓·먹·벼루·종이를 누구나 누리지 못했습니다. 사람들은 누구나 '우리말'을 했으나, '우리말'을 담는 그릇(글씨)은 없었어요. 흙을 지어 살림을 가꾸는 시골사람, 아이를 낳아 돌보는 수수한 사람, 마을을 이루어 조용히 어우러지는 사람은 '글' 없이 '말(우리말)'로만 살았습니다. 글은 중국글인 한자를 바탕으로 엮는 한문만 있었고, 이 한문은 윗사람(양반)만 익힐 수 있었고, 중국글을 익혀 벼슬자리를 얻었어요.

한자는 '천자문'이란 이름처럼 외워야 할 글씨가 매우 많습니다. 《동국정운》이 훈민정음을 써서 소릿값을 달아 놓은 한자가 18000 가지가 넘는데, 여느 사람(백성)은 글을 배우는 길부터 막히지만, 막상 배우려 하더라도 이 많은 글씨(한자)를 외우기는 어려웠어요. 나라에서 펴는 뜻(정책)을 한자·한문으로만 밝히면 여느 사람은 못 알아들어요. 그래서 스물여덟 글씨만 익히고 엮어서 쉽게 '말'을 '글'로 옮기는 틀로 삼으면, 나라에서 펴는 길을 여느 사람도 쉽게 알아들으리라 여겼습니다.

고려에서 조선으로 나라가 바뀐 첫머리에 사람들(백성)은 '왜 나라를 바꾸어야 하는가?' 하는 목소리가 드높았다고 합니다. 고

미래 세대를 위한 우리말과 문해력

구려·백제·신라뿐 아니라 고려 무렵에도 '오직 한문만 글로 삼고, 사람들(백성)은 글을 모르는 채 나라를 꾸렸'어도 사람들은 그저 따라가기만 했다면, 새나라 조선에서는 사람들이 마냥 따라가기만 하지 않았대요. 이런 사람들 바람을 채워 주는 작은빛이 '글(훈민정음)'이었어요.

세종 임금이 지어서 새 글씨를 폈는데, 좀처럼 퍼지지 못했습니다. 벼슬자리를 얻고 글을 쓸 적에 그냥 한자·한문을 쓰는 사람이 수두룩했습니다. 들꽃 같은 사람들(백성)을 아끼는 마음을 글에 곧잘 담았다는 박지원조차 늘 한자·한문이었어요. 이와 달리 홍대용은 한자·한문뿐 아니라 훈민정음을 나란히 썼고, 《을병연행록》을 훈민정음으로 손수 옮겨놓기도 했습니다.

중국글을 따르지 않고도 우리 마음과 생각을 차근차근 펴는 징검다리가 될 글인 훈민정음이 태어나기는 1443년이되, 이 글이 비로소 빛을 보면서 사람들 사이로 퍼져서 이야기꽃으로 피어나기로는 1900년 무렵입니다. 중국을 섬기는 낡은 틀이 무너지던 이즈음, 이웃 일본이 쳐들어올 뿐 아니라 숱한 바깥물결이 넘실거리면서, '우리 삶'과 '우리 마음'과 '우리 생각'과 '우리 넋'을 드디어 바라보았다고 할 만해요.

우리가 쓰는 말은 우리한테 있는 글로 담으면 되는 줄 깨달으려는 때에 나라를 빼앗깁니다. 그런데 나라를 빼앗기고 일본말과 일본글이 마구 들어오다 보니, 우리가 스스로 새롭게 힘을 내고 모으려면 '우리 뜻'을 펼쳐야 한다고 느낀 사람이 부쩍 늘었어요. 바야흐로 훈민정음을 다시 헤아리는 눈길이 모였고, 이때에 주시경이라는 분이 우리 나름대로 우리 삶길을 헤아려 '한글'이란 이름을 새롭게 붙여서 오늘날에 이릅니다.

[숲노래 낱말책]

우리(울)

1. 나를 비롯해 여러 사람을 함께 가리키는 말. 나·나와 마주하거나 내 말을 듣는 여럿을 다 같이 나타내는 말. 2. 말하는 사람·쪽이거나 말하는 사람·쪽에 있다는 뜻을 가리키는 말. 3. 함께 있는 사람을 모두 품거나 아우르는 말 4. 말하는 사람·쪽하고 듣는 사람·쪽을 함께 가리키는 말.

14.
한글날은 언제 생겼나요?

1913년에 한힌샘 주시경 님은 《아이들 보이》라는 달책(잡지)에 우리글 이름을 '한글'로 처음 알렸습니다. 우리글을 기리는 날은 1926년 달셈(음력) 9월 29일에 '가갸날'이란 이름으로 태어났습니다. 우리글을 익힐 적에 "가갸거겨 고교구규" 하면서 소리를 내기에 이때에 첫머리에 나오는 '가갸'를 따서 '가갸날'이라 했어요.

1927년에 조선어학회 일꾼이 다달이 내놓은 책에 《한글》이란 이름을 붙였고, 1928년부터는 '한글날'이란 이름을 쓰기로 합니다. 1931년부터는 해셈(양력) 10월 28일에 맞추어 한글날을 잡습니다. 기리는 날을 바꾸었는데요, 우리나라 사람이 쓴 책인 《훈민정음 해례본》이더라도 정작 널리 퍼지거나 읽히지는 못했어요. 이러다가 1940년에 드디어 전형필 님이 《훈민정음 해례본》을 찾아냅니다. 이때에 훈민정음을 내놓은 날을 비로소 제대로 알았고, 1945년에 일본 제국주의 사슬에서 풀려난 뒤부터 해셈을 다시 바로잡아 10월 9일로 맞추었어요.

총칼에 억눌리던 무렵에는 조용하고 조촐히 우리글을 기렸다면, 1946년부터 '쉬는 나랏날(법정 공휴일·국경일)'로 삼은 한글날입니다. 온누리에 글을 기리는 나라는 우리나라뿐입니다. 처음에는 우리 스스로 홀로서기를 이루는 길을 기뻐한다는 뜻이었다면, 한글로 담거나 나타내는 뜻하고 소리하고 빛이 훌륭하다고 여기는 이웃나라가 늘어나요. 이제는 이웃나라에서도 한글을 눈여겨보면서 우리말을 배우려고 하는 사람이 부쩍 늘었습니다.

그런데 1990년 8월에 나라지기(대통령) 노태우는 "휴일이 너무 많으면 산업발전에 장애가 된다"고 내세우면서 '쉬는 나랏날'에서 뺄 뿐 아니라 기림날(기념일)로 내렸습니다. 나랏날에서 빠지고 쉬는날조차 아니고 보니, 나라에서뿐 아니라 사람들 사이에서는 기림날(기념일)로조차 삼지 않았습니다.

이에 한글모임을 비롯해 뜻있는 사람들이 오래도록 목소리를 내었어요. 열다섯 해에 걸쳐 끈질기게 목소리를 낸 끝에, 나라지기 노무현은 2005년에 '쉬지는 않되 나랏날(국경일)'로 삼습니다. 그렇지만 쉬는날이 아닌 나랏날이고 보니, 사람들은 한글날이 나랏날인 줄 느끼지 못하기 일쑤였습니다. 지난 열다섯 해하고 마찬가지였어요. 그래서 한글모임을 비롯해 숱한 사람들이 다시 목소리를 내었고, 나라지기 이명박이 2012년에 이르러 드디어 '쉬는 나랏날(법정 공휴일·국경일)'로 다시 삼습니다.

처음 태어나고서 오백 해 가까이 숨을 죽이던 우리글 훈민정음이었고, 총칼을 앞세운 일본이 물러갔어도 좀처럼 어깨를 펴지 못한 우리글 한글이었습니다. 한글날도 한글하고 마찬가지로 퍽 오래도록 짓눌려야 했습니다. 이제는 누구나 우리글을 마음껏 배워서 생각을 담아낼 수 있어요. 우리글을 기리는 자리도 즐겁고 넉넉히 펼 수 있습니다. 앞으로도 우리 생각·뜻·삶·살림·사랑을 한글이라는 그릇에 알뜰살뜰 담아서 서로 아름다이 나누는 글빛을 펴기를 바라는 마음입니다. 우리글 이름을 새롭게 '한글'로 붙인 주시경 님은 "말이 올라야 나라가 오르고, 말이 내리면 나라가 내린다" 같은 이야기를 남겼습니다.

15.
일제 강점기에는 우리말을 쓸 수 없었나요?

일본이 총칼로 쳐들어와서 다스린 나날을 '일제 강점기'라고 합니다. '일제 강점기'는 "일본 제국주의 강제 점령 기간"을 줄인 말입니다. '제국주의'는 나라가 사람들을 틀에 가두어 옥죄면서 총칼(전쟁무기)을 키워 싸움판을 벌여 이웃나라를 치는 길을 가리킵니다. '강제 점령 기간'은 바라지도 반기지도 않으나 총칼이나 주먹을 앞세워 윽박지르고 괴롭히면서 다스리는 나날을 가리켜요.

우리나라는 1910년 8월 29일부터 조선총독부가 다스리는 얼개로 갔습니다. 그런데 이날이 되기 앞서도 일본은 총칼을 앞세워 우리나라에 잔뜩 들어왔고, 이날 뒤로는 더욱 많이 밀어닥쳤어요. 총칼잡이(경찰·군인)를 더 두려는 일본은 1910년 9월 10일부터 '헌병경찰제도'를 폅니다. 1911년 8월부터 '조선교육령'을 펴면서 우리나라 사람을 일본 배움틀(교육제도)에 맞추어 가르치려고 나서지요.

틀림없이 우리나라 배움터인데 우리나라 사람이 짓거나 엮은 배움책(교과서)이 아닌 조선총독부가 짓거나 엮은 배움책만 펴야 했습니다. 자, 생각해 봐요. 일본사람이 지은 배움책은 어떤 글로 적었을까요? 이무렵에는 《朝鮮語讀本》(조선어독본)이라는 책으로 우리글을 배웁니다. 책이름이 그냥 한자이지요? '조선어독본'인데요, 이때 우리말은 '조선어'라 했고, 일본말은 '국어(國語)'라고 했습니다. 이웃나라 중국하고 대만도 '중국어·국어'하고 '대만어·국어'를 배워야 했습니다. 일제 강점기부터 퍼진 '국어'라는 한자말은 늘 '일본말'을 가리켰습니다.

그나저나 《조선어독본》은 한글로 적었고, 다른 갈래(과목)는 모두 일본글로 적었습니다. 일본은 1919년 3·1물결이 일어난 뒤에는 살짝 느슨하게 풀어주는 듯했으나 우리나라가 사슬에서 풀려나지는 않은 터라 언제나 일본말을 앞세우는 흐름이었고, 일본말을 모르면 일자리를 못 얻기 일쑤였습니다. 일본말을 몰라서 땅을 빼앗기는 사람이 수두룩했습니다. 이른바 '토지조사사업'을 벌이면서 오직 일본말로만 이야기했기에, 일본말을 모르는 시골 흙지기(농부)는 멀쩡한 땅을 코앞에서 빼앗겼어요.

일본은 1936년부터 달책(잡지)을 하나씩 닫도록(폐간) 내몰았고, 1937년 중일전쟁을 일으키면서 '창씨개명·동방요배'를 시켰는데, 모든 사람들이 우리 이름이 아닌 일본 이름으로 바꾸도록 했고, 일본 절집(신사)에 꼭 고개를 숙이라고 시켰어요. 1941년부터는 한글로 나오는 달책·새뜸(신문)은 모두 사라지는데요, 이뿐이 아니었어요. 일본은 '황국신민서사(皇國臣民誓詞)'라는 글을 모든 어린이와 푸름이가 날마다 한 글씨도 안 틀리면서 외우도록 시키고 닦달했어요. 이 '황국신민서사'는 1968년에 박정희가 내놓은 '국민교육헌장'으로 되살아나서, 1960~80년대 어린이와 푸름이는 국민교육헌장을 날마다 외우느라 고단했습니다.

조선총독부가 편 틀을 보자면, 1938년부터 '제3차 조선교육령'으로 아예 모든 곳에서 일본말만 쓰도록 윽박질렀는데, 이런 틀을 세우기 앞서부터 우리나라 사람들은 우리말을 마음껏 쓸 수 없었습니다. 일본사람이나 총칼잡이(경찰·군인)가 지나갈 적에는 반드시 일본말만 써야 했고, 일본 앞잡이가 둘레에 있어도 우리말을 섣불리 못 썼지요. 면사무소나 시청·군청 같은 곳에 볼일을 보러 갈 적에도 우리말이 아닌 일본말만 써야 했습니다.

1910~1945년 사이에는 조선총독부 서슬에 억눌려 우리말을 마음껏 쓰지 못했다고 할 텐데, 1910년 앞서부터 일본 총칼잡이가 이 나라에 들어오면서 일본말이 활개를 쳤고, 일본말을 익혀야 일자리를 얻거나 돈을 벌기 쉬운 흐름이었어요. 총칼에 눌려 일본

말을 배운 사람도 많고, 돈에 눈이 어두워 스스로 일본말을 배운 사람도 많습니다. 그러나 이 모두를 거스르고서 조용히 흙살림을 지으면서 우리말을 지킨 사람도 많았기에 우리말은 사라지지 않았어요.

[숲노래 낱말책]

국민 → 사람

사람 : 사랑으로 살림을 하고 살아가며 숲처럼 푸르고 너르게 생각을 밝혀 서로 돌보면서, 새·풀벌레·개구리·바람·바다한테서 배운 노래를 나누고 말로 담아내어 이야기를 엮어, 슬기롭게 하루를 그리고 오늘 이곳을 새롭게 지어서 누리는 숨결.

16.
우리말이 있는데 왜 사람들은
외국말을 주로 쓰는 걸까요?

저는 나라 곳곳을 돌면서 우리말 이야기를 펴곤 합니다. 이때마다
"왜 사람들은 우리말을 잘 안 쓸까요?" 하고 묻는 분이 많은데,
"'사람들'이 아닌 '어른들'로 바꾸어야 알맞다고 느껴요. 푸름이가
우리말을 안 쓰면서 영어나 일본말 같은 바깥말을 쓰지는 않잖아
요? 어른 흉내를 내는 푸름이가 이따금 영어나 일본말을 쓸는지
모르나, 언제나 '사람들 아닌 어른들'이 앞장서서 영어나 일본말을
쓰지요?" 하고 되묻습니다.

먼저, 적잖은 어른들은 우리말을 뜻밖에 잘 모릅니다. 우리말
을 제대로 안다면 우리말을 쓰게 마련이에요. 배움수렁(입시지옥)이
라는 틀에 갇히면서 '우리말 익히기'가 아닌 '국어 시험 공부'만 하
느라 오히려 우리말하고 등져요. 그리고, 영어나 일본 한자말을 써
야 멋스럽거나 낫거나 좋거나 높다고 여겨요. 조선 무렵에는 중국
한자말을 높였다면, 일제강점기에는 일본 한자말을 높였어요. 이

뿌리가 깊기도 하지만, 1945년에 일본한테서 풀려난 다음에 우리 손으로 우리말을 갈고닦을 틈이 없이 한겨레끼리 죽이고 미워하는 일이 터졌고, 그 뒤로 서슬퍼런 굴레에 갇혔습니다. 이른바 '군사독재'라는 서슬에 눌려 마음껏 생각을 못 펴다 보니 우리말을 우리말답게 쓰는 길이 피어나지 않았어요.

　이제는 서슬퍼런 굴레인 군사독재는 씻어냈으나, 곧장 '세계

화'라는 이름으로 영어물결이 크게 일어나다 보니, 그만 우리말은 낮거나 작게 여기고, 영어나 일본 한자말 같은 바깥말을 높거나 크게 여기는 버릇이 퍼졌습니다.

우리 발자취를 돌아보면, 조선 오백 해가 꽤 길었어도 우리말은 안 사라졌습니다. 조선 오백 해에 걸쳐 우리글(한글)을 제대로 쓴 일은 매우 드물지만, '우리말을 담는 그릇인 우리글(한글)'은 안 사라졌어요. 더구나 일본이 총칼로 우리나라를 억누르던 마흔 해 가까운 나날에도 우리말하고 우리글은 안 사라졌습니다. 그 뒤 마흔 해 남짓 서슬퍼런 또다른 총칼에 짓눌리던 판이었으나 우리말하고 우리글은 버티어 냈습니다.

다시 말하자면, 누구나 "배운 대로 쓰고, 들은 대로 쓴다"고 할 테지만, "생각한 대로 쓰고, 그리는 대로 쓴다"고도 할 만합니다. 우리가 스스로 마음을 돌보거나 지키려 하면, 둘레에서 세찬 회오리바람이 불어도 끄떡없어요.

여러분이 새롭게 앞장서면서 우리말을 사랑하고 가꾸는 마음을 펼쳐 준다면, 숱한 어른들도 천천히 깨닫거나 뉘우치면서 우리말을 사랑하고 가꾸는 마음으로 돌아설 수 있으리라 봐요.

아무래도 숱한 어른들은 "오래도록 써서 익숙한 대로 쓰자"고

얘기합니다. 그렇지만 이 '오래도록'이란 고작 일제강점기 서른여섯 해하고 해방부터 쉰 해랍니다. 일본강점기에서 풀려난 뒤 "아무리 일본말이라지만 서른여섯 해 동안 익숙한 틀인데 굳이 바꿀 까닭이 없다"고 여기던 어른들 목소리는 1950년대부터 2000년대로 오도록 똑같았어요. "일본한테서 풀려난 뒤 쉰 해 동안 잘 쓰던 말씨라면 우리말로 여겨야 하지 않느냐"고도 말하는 어른들까지 있습니다.

영어나 일본말은 나쁘지 않습니다. 이웃나라가 쓰는 말일 뿐입니다. 우리는 우리가 스스로 슬기롭게 짓고 가꾸며 북돋울 우리말이 있어요. 이 우리말을 우리 나름대로 빛내고 밝히면서 넉넉히 나누는 새길을 차근차근 걸어갈 수 있기를 바랍니다. 어른이 가꾸지 않는다면, 여러분이 소매를 걷어붙이기로 해요. 차근차근 즐겁게 씩씩하게 한 걸음씩 내딛어 봐요.

17.
우리글 이름을 왜 한글이라고 하나요?

'한글'은 '한 + 글'입니다. 우리나라 사람을 가리키는 오랜 이름은 '한겨레'이고, 한자로는 '한민족(韓民族)'이에요. 이때에 '한'은 '하나'이기도 하며, '한길·한가람(한강)' 같은 자리에 쓰듯 '큰(크다)'을 가리키기도 합니다.

오늘날은 '하늘'이라 적지만, 예전에는 '한울'로 적었습니다. '한 + 울'인 얼개입니다. "하나인 울타리"나 "큰 울타리"를 나타내는 셈이고, "하나인 우리"나 "커다란 우리"를 빗댄다고 여길 수 있습니다. '한글'이란 "하나이면서 커다란 글"이라는 뜻이기도 하면서, "하늘빛을 품고 하늘숨을 담는 글"이라는 뜻이라고 할 수 있습니다.

'복판'과 '가운데'는 비슷하지만 결이 조금 다른 우리말인데, 두 낱말에 '한-'을 붙여 '한복판'과 '한가운데'라고 하면, 그야말로 아주 복판이나 가운데를 가리켜요. 가장 크거나 높다고 여길 적에 '한-'을 붙이는 얼거리입니다.

다 다른 사람들이 뜻을 하나로 뭉친다고 하기에 '한뜻'이고, 마음을 하나로 모은다고 하기에 '한마음'입니다. "하나인 뜻과 마음"일 뿐 아니라, "크게 어울려지는 뜻과 마음"이기도 합니다. '한바탕' 춤을 춘다든지, '한창' 신나게 논다고 하지요? '한참' 지났고 '한여름'이나 '한겨울'이라고 합니다. 이런 곳에 붙이는 '한-'도 '큰-'이나 '가장 깊거나 크거나 오랜'을 뜻합니다.

한겨레가 쓰는 글이 한글이라면, 한겨레가 쓰는 말은 어떤 이름이 어울릴까요? '한글'처럼 '한말'이라 하면 될 테지요. 또한 우리 겨레가 한겨레이듯, 우리나라는 '한나라'입니다. 또는 '한누리'이기도 해요. 줄여서 '한뉘'나 '한터'도 되어요. 대전이라는 고장을 한자 아닌 우리말로 곧잘 '한밭'이라 합니다. '큰밭·너른밭·하나인 밭·해처럼 환한 밭'이란 뜻일 터이니, 한밭(대전)이란 고장이 이 나라에서 얼마나 알차고 아름다운가를 새삼스레 밝힌다고 할 만해요.

'한·하나·함·하·해'로 어우러지는 말씨를 돌아보자면, '한겨레 = 해겨레 = 하늘겨레'이기도 합니다. 하늘을 품은 겨레요, 하늘빛 같은 사람이며, 하늘숨을 마시는 동무입니다. 우리 겨레를 한자말로 '백의민족'이라 하는데, 우리말로 옮기면 '흰옷겨레·하얀

옷겨레'이고, 이는 '햇빛옷겨레 · 햇빛겨레 · 해겨레'이자 '하늘겨레'
인 얼거리입니다.

우리글에 '한글'이란 이름을 붙인 분인 주시경 님은 스스로
'한힌샘'이라는 글이름을 지어서 쓰기도 했습니다. "한 + 힌(흰) +
샘(샘물)"인 얼개입니다. 우리 글이름을 '한글'로 지었듯, 이 한글을
널리 펴는 징검다리 노릇을 "하나이고 크며 하늘이자 해 같은, 하
얗고 맑고 밝은 마음으로, 샘물처럼 싱그럽고 줄기차게 하겠다"는
뜻을 드러낸 글이름이라 할 만합니다.

[숲노래 낱말책]

한글 (한 + 글)

크고 하나이며 해처럼 맑고 밝으면서 너르고 포근하며 바르게 복판
에 서는 글. 누구나 수월하게 배우면서 말을 담아낼 수 있는 수수하
면서 숲빛 같은 글. 한겨레 사람들이 쓰는 글.

18.
한글이 과학적인 이유가 무엇인가요?

우리가 쓰는 한글뿐 아니라, 이웃나라가 쓰는 모든 글은 그 나라 살림에 맞게 소리를 담고 뜻을 싣습니다. 다 다른 터전에 맞추어 다 다른 말하고 글이에요. 그런데 푸른별에 있는 숱한 글 가운데 한글은 좀 많이 다릅니다.

일본 한자말로는 '자음·모음'이라 하지만, 우리말로는 '닿소리·홀소리'라고 해요. '닿소리'는 "닿는 소리"입니다. 혀가 닿는 소리이지요.

그래서, ㄱ·ㄴ은 혀가 이에 닿는 모습입니다. 여기에서 ㅋ·ㄷ·ㅌ·ㄹ이 퍼집니다. ㅁ은 소리를 내는 입술 모습입니다. 여기에서 ㅂ·ㅍ이 퍼져요. ㅅ은 소리를 낼 적에 이(이빨) 모습이랍니다. 여기에서 ㅈ·ㅊ이 퍼지지요. ㅇ은 소리를 낼 적에 목구멍 모습이에요. 여기에서 ㅎ이 퍼집니다.

이다음은 '홀소리'예요. 홀소리는 무슨 뜻일까요? "홀로 내는 소리"랍니다. 닿소리는 닿아야 나는 소리요, 홀소리는 홀로 나는 소리이지요.

바탕으로 삼는 홀소리는 'ㅏ·ㅓ·ㅗ·ㅜ·ㅡ·ㅣ'가 있고 'ㅑ·
ㅕ·ㅛ·ㅠ·ㅚ·ㅟ·ㅢ'에다가 'ㅒ·ㅖ·ㅐ·ㅔ'처럼 살짝살짝 이어
갑니다.

이러한 홀소리는 하늘(·)·사람(ㅣ)·땅(ㅡ)을 그리고 엮는 틀을
보여줍니다. 세 가지를 밑소리로 삼아 여러 홀소리를 뻗어요.

이러면서 '나·너'를 가르며 '우리'를 담아내는데, "'아' 다르고
'어' 다르다"는 옛말처럼 '나(ㅏ)'하고 '너(ㅓ)'는 다르되, 같은 숨
결·사람·빛으로서 나란히 있기에 '우리'요, 이 '우리(울)'는 '하늘
(한 + 울)'을 가리킵니다. 곧, 나하고 너가 따로 있을 적에는 땅에서
낱낱인 사람이요, 나하고 너가 함께 있을 적에는 하늘빛을 품은
숨결이라는 뜻이기도 합니다.

닿소리하고 홀소리를 짓고 엮은 틀은 무척 놀랍고 쉬울 뿐 아
니라, 말을 담아내는 소리그림으로도 훌륭하다고 여깁니다. 그런
데 여기에서 그치지 않지요. 앞서 얘기했듯이 한글을 쓰면, 무
늬·빛·결을 마음껏 그립니다. 새말을 끝없이 짓습니다. 우리가
스스로 마음만 먹으면 온누리 모든 소리뿐 아니라 모든 뜻을 한
글이라는 그릇에 넉넉히 담아낸답니다.

그러니까 우리말(한말)을 담는 그릇인 우리글(한글)은, 소리에 뜻을 얹고, 무늬하고 빛하고 결을 마음껏 그리면서, 생각을 끝없이 짓고 날개를 펴며 홀가분하도록 이끄는 징검다리 노릇을 합니다.

온누리 여러 나라는 우리글(한글)이 이처럼 빈틈없이 닿소리·홀소리를 나타내는 얼거리로 쉽고 단출하게 엮었을 뿐 아니라, 소리하고 뜻을 마음껏 실어내기에 참으로 훌륭하다고 여깁니다. 그래서 "한글은 과학적"이라고 합니다.

그나저나 '과학(科學)'은 "보편적인 진리나 법칙의 발견을 목적으로 한 체계적인 지식"을 가리킨다고 해요. 쉽게 풀자면, "우리가 살아가는 이곳에서 낱낱이·환하게·꼼꼼하게 밝히는 길"을 '과학·과학적'이라는 일본 한자말로 나타내는 셈입니다. 치우치지 않고 빈틈이란 없이, 똑똑하게 드러내거나 바르게 그리는 길을 보여준다고 할 적에 쓰는 말입니다.

"한글이 과학적"이라고 할 적에는, 한글이라는 글씨가 낱낱이·환하게·꼼꼼하게 밝히는 결이 돋보일 뿐 아니라, 치우치지 않고 빈틈이 없이 바르게 말빛을 펴도록 북돋우는 글씨라는 뜻이라고 하겠습니다.

4

사전에는 어떤 단어가 올라가나요?

19.
사전은 어떻게 짓나요?

한글로 적는 '사전'은 두 가지입니다. 먼저 '사전(辭典)'이란 한자말이고, '낱말책'을 가리킵니다. '국어사전·영어사전'이 낱말책에 듭니다. 저는 이 낱말책을 '말꽃'이라고 여깁니다.

다음으로는 '사전(事典)'이라는 한자말이며, '이야기책'을 가리킵니다. '백과사전'이 이야기책에 듭니다. 저는 이 이야기책을 '말숲'이라고 여깁니다.

낱말을 모은 책인 '낱말책'은, 낱말이 하나하나 어떠한 뜻인가를 풀고, 뜻에 따라 쓰임새가 어떠한가를 밝히려고 보기글을 붙이며, 비슷한 낱말을 묶어서 보탬말을 붙여요. 낱말을 꽃처럼 피워 올리는 구실이기에 '말꽃' 같다고 할 만합니다.

이야기를 모은 책인 '이야기책'은, 낱말책처럼 올림말(제목)을 죽 늘어놓는데, 올림말(제목·표제어)마다 어떠한 이야기가 있는가 하고 제법 길게 붙입니다. 이야기책은 올림말 하나에 얽힌 삶·살림을 들추면서, 오늘날까지 어떠한 이야기가 흘렀는가를 들려준다고 하겠습니다. 말(올림말)을 넓고 깊게 다루고 품기에 '말숲' 같다고 할 만해요.

낱말책은 우리가 쓰는 모든 낱말을 처음부터 끝까지 살피고서, 이 어마어마하게 많은 낱말 가운데 오늘날 우리가 스스로 생각을 밝히고 가꾸면서 마음을 다스리고 펴는 길에 이바지를 할 만한 낱말을 가려서 담습니다. 모든 낱말을 담지는 않는 낱말책·이야기책입니다. 지난날에는 쓸 만했어도 오늘날에는 쓸 만하지 않다면 낱말책·이야기책에서 덜어냅니다. 이를테면 고구려·고려·조선 무렵에 글바치(지식인)가 쓰던 한자말을 굳이 오늘날 낱말책에 담을 까닭이 없습니다.

낱말책은 낱말 하나하고 얽힌 우리 삶과 살림과 사랑이 어떻게 흘러왔고 자랐으며 피어났는가를 곰곰이 보고 따지고 짚으면서 엮는 꾸러미입니다. 차근차근, 오래오래, 두고두고, 새록새록, 낱말 하나를 더 들여다보고, 비슷하지만 다른 여러 낱말을 하나로 묶어서 함께 견줍니다. 비슷한말을 꾸러미로 살피지 않으면 뜻풀이가 뒤죽박죽이 되고 말아요.

뚜렷하다 : 1. 모습이나 소리가 흐릿하지 않고 분명하다

분명하다 : 1. 모습, 소리 들이 흐릿하지 않다

밝다 : 1. 어둡지 않고 환하다

환하다 : 1. 장소, 빛, 색깔 들이 아주 또렷하고 밝다

네 낱말 뜻풀이가 뒤죽박죽인 국립국어원 낱말책입니다. 우리나라는 아직 이 굴레에 갇혔습니다. 안타깝지요.

낱말을 한자리에 그러모으는 낱말책은, 늘 "처음으로 돌아가면서 엮고 짓는다"고도 하겠습니다. 뜻풀이를 마쳤다고 여기더라도 "아니야. 아직 모자랄 수 있어. 미처 못 본 대목이 있을는지 몰라." 하고 생각하면서 늘 처음으로 돌아가면서 새롭게 바라보면서 엮고 짓는 꾸러미입니다.

낱말 하나가 삶자리와 살림터에서 어떻게 사랑받으면서 사람 사이에서 흘러왔는가 하고 가만히 읽고 새겨서 나누려는 마음을 뜻풀이하고 보기글로 여미기에 낱말책입니다. 언제나 이웃과 어린이를 따스하게 품는 사랑이 나란히 있을 노릇이에요. 다 다른 낱말이 어떻게 다 다른가 하고 상냥하게 속삭이기에 낱말책입니다.

밝다

1. 새로운 날이 오면서 햇빛이 들다. 2. 잘 안 보이던 곳에 빛이 들다. 3. 새로운 해가 오다. 4. 구석구석 잘 비출 만큼 빛이 세다. 5. 빛깔이 깨끗하고 시원하다. 6. 눈이 잘 보이거나 귀가 잘 들리다. 7. 어떤 것이나 일을 막힘이 없을 만큼 잘 알다. 8. 얼굴이나 마음에 구김살이 없고 싱그러우며 힘차다. 9. 바르기에 한쪽으로 치우치지 않다. 10. 다가올 일이 잘되거나 가볍게 이룰 만하다.

환하다

1. 빛이 있어 잘 보이다. 2. 앞이 탁 트여 넓고 시원스럽다. 3. 일하는 모습이나 줄거리가 또렷하며 시원하다. 4. 얼굴이 보기 좋고 시원스럽게 생기다. 5. 기운이나 얼굴빛이나 마음씨가 넓으면서 시원하고 구김살이 없다. 6. 빛깔이 시원하고 깨끗하다. 7. 어떤 것이나 일을 잘 알다. 8. 맛이 얼얼한 듯하면서 개운하고 시원하다.

분명하다(分明-) → 틀림없다. 또렷하다. 똑바로. 또박또박. 바로. 밝다. 뻔하다. 맑다. 반드시. 아무래도. 좋다. 그렇다.

20.
사전에는 어떤 단어가 올라가나요?

낱말책에는 여러 가지 낱말을 담습니다. 첫째, 사람들이 널리 쓰는 낱말을 담아요. 둘째, 사람들이 널리 쓰기를 바라는 낱말을 담습니다. 셋째, 사람들이 뜻을 잘 모르거나 아리송하다고 여기는 낱말을 담습니다. 넷째, 사람들이 스스로 생각을 어떻게 갈무리해서 새롭게 쓸 만한가 하고 알려주는 낱말을 담습니다.

그런데, 사람들이 널리 쓴다고 해서 모든 말을 다 담지는 않아요. 또한, 사람들이 널리 쓰면 아름답겠다고 여기더라도 이런 낱말을 다 담지도 않습니다. 사람들이 뜻을 잘 몰라서 찾아보려 하는 낱말이더라도 꼭 다 담지도 않습니다. 사람들이 스스로 생각을 밝히는 길에 이바지하는 낱말이기는 해도 굳이 다 담지는 않습니다.

새말이라서 낱말책에 바로바로 담지는 않습니다. 적어도 대여섯 해나 열 해쯤은 지켜봅니다. 대여섯 해 만에 사라지는 새말이 있고, 열 해쯤 지나면 시들해서 잊히는 새말이 있습니다. 모든 새말을 낱말책에 실었다가는 낱말책이 꽝 하고 터질 만해요. 더구나

어느새 사라져서 아무도 안 쓰는 낱말을 굳이 낱말책에 실을 까닭이 없기도 합니다.

　사람들이 널리 안 쓰는 낱말이더라도 낱말책에 싣곤 해요. 우리가 생각을 밝히는 길에 이바지하는 낱말이라면, 우리 삶자리에서 복판은 아닌 가장자리에 있는 낱말이라 하더라도, 알맞고 즐겁게 쓸 때와 곳이 있기에 기꺼이 낱말책에 싣습니다.

여러분은 '쏠'이라는 낱말을 아나요? 영어 아닌 우리말 '쏠'이 있습니다. 제가 여러분한테 그냥 '쏠'이라고만 하면 아마 아무도 모르리라 생각해요. '고삭부리'란 낱말을 아나요? 우리말 '고삭부리'도 냉큼 뱉듯 말하면 아마 여러분뿐 아니라 어른도 잘 모르기 일쑤랍니다.

먼저 '쏠'은 '쏟아지다·솟다' 같은 말밑으로 잇는 낱말입니다. 조금 알 만할까요? '쏠 = 쏟아지는 물'입니다. 자, 이렇게 하면 알아챌 만할까요? '쏟아지는 물 = 폭포 = 쏠'입니다. 한자말 '폭포'가 있는데, 우리말은 '쏠'이에요.

다음으로 '고삭부리'는 '곯다·삭다' 같은 말밑으로 잇는 낱말입니다. 어떤가요? 느낄 만한가요? '곯다'는 '골골거리다'하고 잇습니다. '고삭부리 = 골골거리거나 삭듯 자주 쉽게 앓는 사람'을 가리키는 오랜 우리말이에요. 한자말로 '허약체질'을 우리말로는 '고삭부리'라 합니다.

요새는 잘 쓰지 않아서 어른도 잘 모를 만한 '쏠·고삭부리'인데, 이러한 낱말을 낱말책에 그냥 싣고 가볍게 뜻풀이만 해놓으면 그야말로 새롭게 쓰거나 널리 쓰기는 어려워요. 그래서 낱말책은 이런 오랜 우리말을 다룰 적에 말밑(어원)을 찬찬히 캐서 어떻게 엮거나 지은 낱말인가 하고 밝혀 주는 노릇을 합니다. 이처럼 말밑을 캐서 낱말 하나를 담아 놓으면, 낱말책을 읽는 사람들은 "아하, 이렇게 말을 지었구나."라든지 "아하, 이 말은 이래서 이런 뜻이네." 하고 깨닫지요. 이렇게 깨달으면, 스스로 생각하는 힘을 기른답니다.

낱말책은 길잡이 노릇을 하고, 징검다리 구실을 합니다. 말에 담는 생각을 밝히는 길잡이요, 말에 생각을 담도록 잇는 징검다리입니다. 낱말 하나를 살펴서 뜻하고 보기글을 읽으면서 생각을 가꾸도록 이바지하는 꾸러미예요.

21.
사전은 어떻게 읽어야 하나요?

낱말책(사전)은 길(정답)을 알려주는 책이기보다는, 우리가 저마다 길을 스스로 찾도록 도와주는 징검다리 구실을 하는 책입니다. 낱말마다 어떠한 뜻·쓰임새·결·너비·품·숨결·이야기·삶이 스몄는가 하고 살피고 싶기에 낱말책을 펴서 읽을 만합니다.

낱말책은 외워야 하지 않습니다. 낱말책을 읽으면서 '생각·삶·이야기를 단출하고 가볍게 엮어서 이름을 붙이는 길'을 헤아릴 만합니다. 낱말책은 우리가 '바르거나 옳게 쓰는 틀을 가르치는 책'은 아닙니다. 낱말책을 펴면서 '생각을 말로 어떻게 펴는가 하는 실마리나 수수께끼를 찾는다'고 하겠습니다.

낱말책을 펴면서 "나는 낱말 하나가 어떠한 결이며 뜻이고 쓰임인가를 얼마나 넓고 깊게 읽을 만할까?" 하고 생각해 주시기를 바라요. 그리고 여러분이 스스로 낱말풀이를 해보면서 어떻게 이 낱말책을 손질할 만한가도 생각해 보셔요.

푸름이가 어떻게 낱말풀이를 해보느냐고 고개를 절레절레 저으려나요? 어렵게 여기지 말아요. 여러분 스스로 느끼는 대로 풀이를 해보고, 바라보는 대로 풀이를 해봐요. 여러분이 생각하는 이야기로 들려주면, 이 이야기가 바로 낱말풀이입니다. 밥을 지을 적에 손에 쥐는 '부엌칼'을 보기로 들어 보겠습니다.

> 부엌칼 : 부엌에서 쓰는 칼 = 식칼
>
> 식칼(食-) : 부엌에서 쓰는 칼 ≒ 부엌칼·식도(食刀)

부엌에서 쓰는 칼은 어떤 이름이어야 어울릴까요? 부엌에서 쓰니 '부엌칼'일 테지요. 그런데 적잖은 어른들은 일본을 거쳐 들어온 '식도(食刀)'란 한자말을 그냥 쓰고, '식칼(食-)'처럼 한쪽은 우리말이지만, 한쪽은 우리말이 아닌 낱말을 씁니다.

빵집에 가면 '식빵'이 있어요. 모든 빵은 먹으려고 구울 텐데 왜 '식(食-)'이란 한자를 붙인 '식빵'을 그냥 써야 할까요? 네모난 틀에 구워서 밥처럼 삼는 빵이라면 '네모빵'이나 '밥빵'이라 할 만하지만, 오늘날까지 숱한 어른들은 '식도·식칼'처럼 '식빵' 같은 낱말을 손질하거나 추스를 생각을 하지 못합니다.

스스로 낱말풀이를 해보고, 알맞게 쓸 낱말을 새롭게 지어 보면, 낱말을 훨씬 깊고 넓게 알 수 있어요. 낱말책을 들여다보면서 '배우기'도 해보고, 낱말책을 곁에 두면서 "여태까지 어른들은 이 낱말을 이렇게 다루었구나? 그러면 나는 이 낱말이 오늘날 어떻게 쓰는가를 더 생각해서 스스로 뜻과 결과 쓰임을 더 찾아내 보자!" 하고도 생각해 주시기를 바랍니다.

낱말책은 '빈틈없이 마무리를 지은 꾸러미'가 아닙니다. 낱말책은 '늘 손질하고 가다듬고 보태는 꾸러미'입니다. 우리가 어느 낱말을 새롭게 쓸 적마다, 낱말책 엮음이는 이러한 쓰임새를 가만히 보면서 새롭게 추스를 만한지 아닌지를 헤아려요. 여러분이 오늘 새롭게 살려서 쓰는 말씨 하나가 '낱말책을 새로 가꾸는 길'로 이어가곤 합니다.

[숲노래 낱말책]

부엌칼 (부엌 + 칼)

부엌에서 밥살림을 하면서 쓰는 칼로, 여러 밑감을 도마에 놓고서 썰거나 자르거나 다룬다. (= 밥칼. ← 식도食刀, 식칼食−)

22.
국립국어원은 어떤 일을 하는 곳인가요?

국립국어원에는 '궁금한 우리말'을 물어보는 자리가 있습니다. 말뜻이나 말밑(어원)이나 쓰임새나 맞춤길이나 띄어쓰기를 놓고서 물어볼 수 있습니다. 국립국어원 누리집에 들어가면 '다듬은 바깥말(순화용어)'을 찾아볼 수 있고, 국립국어원에서 엮은《표준국어대사전》을 찾아볼 수 있습니다. 국립국어원은 사람들이 '표준 국어'를 쓰도록 이끄는 몫을 합니다.

1984년에 '국어연구소'가 태어났습니다. 이름 그대로 "나라에서 국어 연구를 하는 곳"입니다. 1991년에 '국립국어연구원'으로 이름을 바꾸었고, 2004년에 '국립국어원'으로 이름을 다시 바꾸었습니다.

국립국어원이 태어나기 앞서까지는 '한글학회'에서 우리말을 살피고 가꾸면서 길을 잡는 몫을 이끌었고, 글을 쓰는 모든 사람(작가·기자·교사)에다가 여느 사람들까지 저마다 생각·뜻을 밝혀서 말글살이를 함께 이바지했습니다.

　다른 모든 나라에서도 말글을 놓고는 사람들(민간) 스스로 다
스리고 다루도록 합니다. 나라(중앙정부)가 틀(표준)을 세우지 않습
니다. 책·배움터(학교)·새뜸(신문·방송)이 그 나라 말글을 알맞고
바르게 다스리거나 다루도록 북돋우고, 나라는 뒤에서 조용히 돕
는 몫만 해요. 다른 모든 나라는 그 나라에서 글을 쓰고 말을 하
는 사람들 스스로 새말을 짓거나 엮으면서 넉넉히 나누고 즐겁게

살찌우는 길을 갑니다. 이와 달리 우리나라만 1991년에 국립국어원(처음은 국립국어연구원)이라는 곳을 열어서 나라가 앞장서서 틀을 세우고 이를 따르도록 합니다.

모든 말은 사람들이 스스로 생각하여 마음에 그리는 뜻을 나타내는 이야기인 터라, 나라가 함부로 건드리거나 다루다가는 자칫 사람들 생각을 억누르기 쉽습니다. 이른바 자유·민주·평등을 보듬자면, "나라에서 국어 연구를 하고 사람들이 스스로 말글을 가꾸도록 힘껏 돕되, 틀(규범·규칙)을 세우지는 않아"야 한다고 여깁니다.

우리는 우리말이 있고 우리글이 있는 드문 나라입니다. 우리글인 한글을 기리는 날이 따로 있으며, 오래도록 억눌린 우리말을 북돋우려고 애쓴 사람이 많습니다. 그래서 국립국어원이 태어나고 뻗을 적에 이 대목에서 밑힘이 되기를 바라는 목소리가 높았습니다.

국어연구소가 국립국어원이 된 1991년 언저리부터 맞춤길을 갑작스레 나라에서 확 바꾸었고, 이에 따라 1990년부터 모든 책을 새 맞춤길에 따라 새로 찍어야 할 뿐 아니라, 예전 맞춤길인 책은 다 버려야 했고, 갑작스레 확 바꾼 맞춤길은 그 뒤 서른 해가

지나도록 어긋나거나 틀린 데가 자꾸 불거지곤 합니다.

이에 따라 국립국어원은 이곳에서 펴낸 《표준국어대사전》에 실린 낱말'에 따라 맞춤길을 세우라는 틀을 새로 내놓았고, 국립국어원이 펴낸 낱말책에 안 실린 낱말을 놓고는 맞춤길이나 띄어쓰기가 아직 갈팡질팡입니다. 또한 《표준국어대사전》에 실린 낱말'은 '붙여서 쓰되 띄어도 된다'는 어정쩡한 틀을 밝히는 바람에 맞춤길이나 띄어쓰기는 더 어지러울 뿐더러, 사람들이 알맞게 새로 지어서 쓰는 낱말을 제때 낱말책에 싣지 않는 탓에 우리 말글살이에 이바지를 그다지 못하기도 합니다.

아쉽구나 싶은 대목이 제법 있으나, 나라에서 우리말에 이바지하려고 연 곳인 만큼, 앞으로는 푸름이 눈높이로 우리말을 헤아리면서 차근차근 가다듬고 추슬러 나갈 수 있기를 바라는 마음입니다.

5

겹말이 뭐예요?

23.
외래어가 뭐예요?

한자말 '외래어(外來語)'는 "바깥(외) + 오다(래) + 말(어)" 얼개입니다. 바깥에서 들어온 말이요, 아직 우리나라에서 쓰지 않는 말씨를 이웃나라에서 곧장 들여올 적에 가리켜요. '바깥 = 다른 나라(외국)'입니다. 바깥인 다른 나라에서 쓰되 우리가 받아들이지 않은 낱말이라면 '바깥말(외국어)'이요, 우리가 받아들여서 쓰기로 하면 '들온말(외래어)'이에요.

'바깥말(외국어)'이기에 따로 배웁니다. '들온말(외래어)'이기에 처음에는 그대로 받아들이고서 쓰는 사이에 우리 나름대로 손질할 길을 찾습니다. 손에 쥐는 전화기를 널리 쓰는데, 영어로는 '모바일 폰(Mobile Phone)'이요, 이를 '핸드폰'을 거쳐 '휴대전화 · 이동전화' 같은 한자말 이름으로도 쓰지만, 우리말답게 더 손질해서 '손전화'로도 씁니다.

'블랙홀'이나 '롤케익'은 처음에 바깥말이다가 들온말로 자리를 옮깁니다. '검은구멍 · 까만구멍'이란 우리말을 새로 짓기도 하

고, '동글말이빵·동글빵'처럼 우리말을 새로 지을 만해요.

놀이를 하다가 '레드카드·옐로우카드' 같은 낱말을 쓰기도 합니다. 거칠거나 나쁘게 굴 적에 쓸 텐데, 이 두 가지는 들온말이에요. '빨간종이·노란종이'나 '빨간쪽·노란쪽'처럼 우리 나름대로 새말로 담아낼 만하지요.

　우리 곁에 있는 온갖 들온말은, 온누리를 서로 빠르게 이으면서 생각하고 살림을 나누는 길에 확확 들어오거나 받아들이는 말씨라고 하겠습니다. 모든 말은 생각·삶·살림을 담아내거나 가리키기에, 아직 우리가 손수 짓지 않은 생각·삶·살림이 있다면 우리말은 아직 없고 바깥말만 있어요. 말을 새롭게 짓기 앞서 이웃나라 생각·삶·살림을 일찌감치 들인다면 우리말로 알맞게 손질하거나 풀어내지 못한 채 바깥말을 그대로 쓸 테지요.

　이때에 여러 어른하고 푸름이는 저마다 이모저모 새 살림을 쓰면서 생각을 기울일 만해요. 바깥말을 그대로 들온말로 삼겠는지, 우리 나름대로 살피고 거듭 헤아려서 우리말을 짓겠는지 따져 볼 만합니다.

　어른들이 커피를 마실 적에 '핸드드립'을 한다고들 하는데, '손내림'처럼 우리말을 지어서 쓰는 분도 많아요. 목에 댕기처럼 여미는 천을 영어로 '넥타이'라고 해요. 이 들온말을 '목댕기'로 풀어내기도 하는데, 수수하게 '댕기'라고만 해도 어울립니다. 먼 옛날부터 쓰던 '댕기' 쓰임새를 넓혀서 '손목댕기'나 '꽃댕기'나 '발목댕기'처럼, 여러 천에 새롭게 이름을 붙일 만해요.

요즈음은 고기밥(육식)보다는 풀밥(채식)을 즐기는 분이 늘어나요. 영어로는 '비건'이라 하는데, 한자말 '채식'이 있다면, 우리말은 '풀밥'입니다. 이 풀밥은 오롯이 풀만 누리는 밥차림이 있고, 과일을 누리는 밥차림이 있으며, 이밖에 여러 갈래가 있습니다.

　　이를테면 '과일밥(← 프루테리언)', '온풀밥(← 비건)', '젖풀밥(← 락토 베지테리언)', '달걀풀밥(← 오보 베지테리언)', '두루풀밥(← 플렉시테리언)' 같은 새말을 엮을 만해요. '풀밥·풀살이·풀살림·풀밥살이·풀밥살림(← 베지테리언)'처럼 하나하나 결을 살펴서 이름을 붙일 수 있습니다.

　　들온말은, 우리가 스스로 우리 살림에 맞추어 앞으로 새롭게 이름을 지어 주기를 기다리는 낱말이라고도 할 수 있습니다.

24.
한자말이 뭐예요?

'한자(漢字)'는 "고대 중국에서 만들어져 오늘날에도 쓰이고 있는 표의 문자"라고 합니다. 중국에서 지은 글씨가 한자요, 중국에서 엮은 낱말이 한자말입니다. 그러니까 '한자 = 중국글'에 '한자말 = 중국말'이란 뜻입니다. 그런데 우리나라는 이웃나라 일본이 쳐들어온 뒤부터 일본 한자말이 잔뜩 들어왔어요. 이러다 보니 오늘 흐름으로 본다면 '한자말 = 중국말 + 일본말'입니다.

수원(水原) : [지명] 경기도 중남부에 있는 시

수원(水源) : 물이 흘러나오는 근원

수원(受援) : 원조를 받음

수원(受援) : 중국 징더전(景德鎭)에서 쓰던 도자기의 원료가
　　　　　되는 흙

국립국어원 낱말책에서 '수원'을 찾으면 여러 가지 한자말이 죽 뜨는데, 고장을 가리키는 이름은 낱말책에서 털 노릇이고, 중

국 어느 곳에서 질그릇을 빚을 적에 쓴다는 흙을 가리키는 이름도 낱말책에서 털 노릇입니다. 이런 한자말을 쓸 일이 없잖아요?

누가 돕는다고 하는 '수원(受援)' 같은 한자말도 쓸 일이 없습니다. 물이 흘러나오는 바탕이라는 '수원(水源)'은 우리말로 '샘'입니다. '샘솟다'처럼 흔히 써요. 새로 솟는 물인 '샘물'이요, 어떤 일이나 기운이 새롭게 나오고 넘치며 가득하다고 해서 '샘솟다'입니다.

우리 삶을 바라볼 적에 우리말을 느끼거나 깨달으면서 씁니다. 우리 살림을 바라보기에 우리말을 새롭게 짓거나 엮습니다. 한자는 중국글이고, 한자말은 중국말·일본말이라 했습니다. 그래서 한자말은 중국살림·일본살림을 담아내요. 한자말을 살피면 중국하고 일본이 어떻게 삶을 누리고 살림을 펴는가를 엿볼 만합니다.

우리말이란 우리 삶을 담아내고 우리 살림을 그리니, 우리말을 쓸 적에는 우리가 스스로 삶·살림을 가꾸는 길을 바라보고 생각한다는 얘기입니다. 중국말·일본말인 한자말을 쓰기에 나쁘거나 잘못이지 않습니다. 그저 한자말을 쓰면 쓸수록 우리 삶·살림을 우리 눈으로 바라보면서 우리 손길로 가꾸거나 짓는 길하고는 멀어질 뿐입니다.

이웃나라한테서 새말을 받아들일 수도 있어요. 그렇지만 우리
스스로 새말을 지을 줄 안다면 우리 삶·살림이 한결 빛나지 않을
까요? 우리 살림을 손수 짓고 가꾸려는 뜻으로 우리말을 새로 엮
거나 짓지요. 우리 눈을 환히 틔우려고요.

[숲노래 낱말책]

새말 (새 + 말)

1. 새로 가리키거나 나타내려고 짓거나 엮은 말. 이제까지 이은 삶·
살림·숨결을 새로 나타낼 수 있고, 아직 우리한테 없으나 새롭게
받아들이는 삶·살림·숨결을 가리키거나 나타내려고 짓거나 엮
는다. (새롭다·새빛 ← 신어新語しんご, 신조어新造語)

2. 새로 들려오거나 듣는 말이나 이야기. 가깝거나 먼 여러 곳에서 새
로 나타나거나 일어난 이야기를 알리거나 들려주는 말과 글. (= 새
이야기·새뜸·이야기 ← 뉴스news, 소식消息, 새소식-消息)

3. 이제까지 이은 결·길·틀·줄거리를 새롭게 바꾸거나 고치거나
가다듬은 일이나 말이나 살림. (= 새로하다·새로짓다 ← 재창조,
리메이크, 개조改造, 개혁, 개헌)

25.
고사성어가 뭐예요?

중국은 한자라는 글을 짓고서 중국말을 한문으로 옮겼습니다. '고사성어(故事成語)'는 중국사람이 중국말로 나누던 중국 삶·살림을 갈무리한 이야기입니다. "중국 옛이야기 한자말 = 고사성어"입니다.

그런데 중국사람은 "중국 옛이야기"를 으레 넉 글씨로 담았어요. '사자성어(四字成語)'가 모두 중국 옛이야기인 한자말은 아니지만, 웬만한 사자성어는 "중국 옛이야기 한자말인 고사성어"요, 우리가 일본 총칼에 억눌리던 무렵에 일본사람이 따로 지은 '사자성어'도 많습니다.

'타산지석·호연지기·풍전등화·사면초가·군계일학·용호상박·호사다마' 같은 한자말은 고사성어요, '가부장제·언행일치·국립공원·문화예술·일부종사·인면수심·과밀학급·신춘문예·폭탄선언·생태교란·자연보호·융단폭격·국위선양·협동조합·패자부활·층간소음·개점휴업·반려동물·감정노동·관심종자' 같은 한자말은 사자성어입니다.

고사성어 → 옛말, 옛이야기, 오래말, 오랜말, 배움말, 빛말, 삶말

사자성어 → 네글한자, 너글, 너글씨

어른들이 '고사성어'를 말한다면, "중국 옛이야기"를 들려준다는 뜻입니다. 때로는 중국이나 일본 옛이야기를 들으며 배울 수 있습니다. 그러나 우리는 우리 옛이야기를 듣고 배우면서 삶과 살림과 사랑을 돌아볼 적에 더없이 아름다우면서 즐거우리라 생각합니다.

어른들이 '사자성어'를 말한다면, 거의 "일본사람이 지은 새 한자말"을 쓴다는 뜻입니다. 때때로 일본 한자말을 받아들여서 쓸 수 있습니다만, 이보다는 우리 스스로 우리 삶터와 살림길에 걸맞게 즐거이 새말을 지어서 쓰면 아름답습니다.

* **고사성어를 우리말로**

타산지석 → 거울 . 보고 배우다 . 다시보다 . 돌아보다 . 되짚다 .
배움돌 . 되짚다 . 되새기다 . 거꾸로

호연지기 → 바람빛 . 숲빛 . 드높다 . 시원하다 . 커다랗다 . 당차다 .

다부지다 . 가슴펴다 . 높꽃

풍전등화 → 아슬아슬 . 벼랑길 . 아찔하다 . 바람촛불 . 막다르다 .

버겁다 . 흔들리다 . 기울다 . 낭떠러지

사면초가 → 둘러싸다 . 수렁 . 벼랑 . 구석 . 어렵다 . 힘들다 . 끝 .

내몰리다 . 끄트머리 . 가랑잎 . 먹구름 . 버겁다

군계일학 → 빛나다 . 눈부시다 . 대단하다 . 돋보이다 . 남다르다 .

온빛 . 꼭두 . 꽃 . 머드러기 . 뛰어나다

용호상박 → 팽팽하다 . 비슷비슷 . 엇비슷 . 아슬아슬 . 힘겹다 .

불꽃튀다 . 맞잡다 . 물고물리다 . 비금비금

호사다마 → 좋은땜 . 궂은땜 . 엎치락뒤치락 . 왔다갔다 .

좋다가 나쁘다

* 사자성어를 우리말로

가부장제 → 기둥 . 들보 . 낡다 . 낡은틀 . 해묵다 . 굴레 . 옛틀

언행일치 → 말짓하나 . 한말짓 . 말과 삶이 하나 . 한말삶 .

말삶하나 . 같다 . 나란하다 . 바르다 . 반듯하다

국립공원 → 나라숲 . 나라숲터 . 푸른숲 . 풀빛숲 . 푸른터

문화예술 → 삶멋 . 삶꽃 . 살림멋 . 살림꽃 . 살림빛

일부종사 → 한곳보기 . 한결같다 . 한결사랑 . 한꽃 . 포근사랑 .

　　　　　한사랑 . 꽃사랑 . 늘사랑 . 단둘 . 단짝 . 꽃빛

인면수심 → 사납다 . 거칠다 . 고약하다 . 무쇠탈 . 쇠낯 . 추레하다 .

　　　　　더럽다 . 몹쓸 . 망탕 . 괘씸하다

과밀학급 → 빽빽하다 . 가득하다 . 콩나물시루 . 좁다 . 넘치다

신춘문예 → 새봄글 . 새글잔치 . 새빛글 . 글잔치 . 글밭

폭탄선언 → 벼락 . 벼락말 . 외치다 . 소리치다 . 큰소리 . 목청 .

　　　　　밝히다 . 갑자기 . 뒤엎다 . 깜짝 . 고래고래

생태교란 → 뒤흔들다 . 어지럽히다 . 들쑤시다 . 망가뜨리다 .

　　　　　설치다 . 부수다 . 건드리다 . 괴롭히다

자연보호 → 숲가꾸기 . 숲돌봄 . 숲가꿈 . 숲이바지

융단폭격 → 퍼붓다 . 쏟아붓다 . 부수다 . 짓밟다 . 몰아붙이다 .

　　　　　마구 . 불벼락 . 박살 . 깨부수다

국위선양 → 나라사랑 . 나라이바지 . 나라알림 . 나라자랑

협동조합 → 두레 . 품앗이 . 울력 . 모둠 . 모음 . 살림두레 .

　　　　　어우러지다 . 어울리다 . 일두레 . 한아름

패자부활 → 다시서다 . 다시하다 . 다시 일어나다 . 되살다 .

　　　　　되살리다 . 다시 태어나다 . 되일어나다

층간소음 → 틈소리 . 틈새소리 . 칸소리

개점휴업 → 파리 날리다 . 장사가 안 되다 . 조용하다 . 빈가게

반려동물 → 곁짐승 . 곁이 . 벗짐승 . 곁벗 . 온벗

감정노동 → 억지 . 억지짓 . 억지일 . 웃음팔이 . 방긋일

관심종자 → 응석쟁이 . 어리광 . 아양꾼 . 눈길앓이 . 튀다 . 나좀봐 .
　　　　　　꿍꿍거리다 . 귀염이 . 마음앓이

[숲노래 날말책]

삶말 (삶 + 말)

삶을 짓고 살림을 가꾸며 사랑을 나누는 숨결로 숲을 품는 사람들이
쓰는 말. 오늘 일구는 삶·살림·사랑을 담는 말이 있고, 예부터 어질
고 슬기롭고 참하게 이은 삶·살림·사랑을 새롭게 돌아보는 말이 있
다. (← 생활어, 일상어, 자연언어, 관용구, 상말常−. 속어俗語. 속담,
경구警句, 고사故事, 고사성어, 사자성어, 잠언, 구어口語, 구비口碑,
구전口傳)

26.
토박이말이 뭐예요?

'토박이말'이란 우리가 이 땅에서 오래도록 쓰며 이은 말을 가리킵니다. 삶을 짓고 살림을 가꾸고 사랑을 나눈 사람들이 언제나 스스로 즐겁게 지은 말입니다. 어른끼리도 쉽게 생각을 나누고, 아이하고도 수월히 마음을 나누도록 지은 말이에요.

그런데 이 낱말은 '토박이말(土-)'처럼 적습니다. 한자 '토(土)'는 '흙'을 가리켜요. 곧 '흙박이말'이란 얼개인데요, "흙에 뿌리를 박은 말"이란 뜻이요, 아스라이 먼 옛날부터 풀꽃나무를 곁에 두고서 들숲바다를 사랑하면서 해바람비를 품고 사랑으로 삶을 어우른 사람들이 스스로 지어서 쓴 말이라고도 하겠습니다.

'흙'은 흙살림을 하는 땅이나 터(터전)를 가리킵니다. 우리나라에 여름이나 겨울을 누리려고 찾아오는 여름철새하고 겨울철새가 있다면, 한 해 내내 함께 살아가는 '텃새'가 있어요. "터를 박고서 살아가는 새"이기에 '텃새'입니다. 그러니까 우리 땅에 오래도록 터를 박고서 살아가면서 스스로 지은 말이라면, 굳이 한자 '토

(土)'를 붙이지 않은 '텃말'이라고 할 적에 어울려요. 먼 옛날부터 심어서 가꾸고 거두며 이은 씨앗이라면 '텃씨'라 할 만하고요.

한자나 영어나 일본말이 스미지 않았기에 텃말이라고 여길 수도 있습니다만, 터를 이루며 살아가는 사람이라면 굳이 한자나 영어나 일본말을 쳐다볼 일도 쓰거나 들을 일도 없습니다. 흙(土)을 일구는 사람은 글이 아니라 말로 살아갑니다. 지난날 말이 아닌 글로 살아가던 사람은 흙(土)하고 동떨어진 채 임금님이나 벼슬아치나 글바치였고 한자로 한문을 쓸 뿐이었어요.

'우리말'은 우리가 스스로 짓는 삶을 그리는 말입니다. '텃말(토박이말)'은 옛사람이 스스로 짓는 삶을 스스로 그려서 물려준 말입니다.

텃말인 '말'을 헤아려 볼까요? '말'이라는 낱말은 생각을 담아낸 소리를 가리키기도 하지만, 들을 달리는 숨결을 가리키기도 하고, 사람이 모여서 이룬 터인 '마을'을 줄인 낱말이기도 합니다. 이 낱말은 '맑다'나 '마음'하고 말밑이 같습니다.

텃말인 '바람'은 하늘을 이룬 기운인데, '바다'는 하늘빛을 고스란히 담습니다. 휘파람·마파람처럼, '바람'은 '파람'이기도 하며, 바람(파람)으로 이룬 하늘은 파랑(파랗다)이란 빛깔이요, 이러한

미래 세대를 위한 우리말과 문해력

하늘을 담은 바다도 파랑입니다.

나무가 우거진 곳이기에 '숲'인데, '수풀'을 줄인 낱말이고, '숱하다'는 우거지도록^(빽빽하도록) 많은 모습을 가리키고, '수수하다'는 흔하게 볼 수 있을 만하도록 너른 모습을 가리켜요. '수북하다·수두룩하다'는 쌓이듯이 많을 적에 써요. '쉽다·수월하다'는 힘이 여리거나 작아도 하거나 알거나 맞이하기 좋은 때나 몸짓이나 일을 가리킵니다.

이렇게 낱말 하나가 어느새 다른 낱말로 밑뿌리를 이으면서 새롭게 만나도록 잇는 텃말입니다. 외워서 쓴다면 텃말이 아닙니다. 살아가면서 저절로 하나씩 꼬리에 꼬리를 잇듯 실타래를 이어서 생각을 환하게 열고 마음을 즐겁게 북돋우면서 널리 쓰기에 텃말입니다.

'잇는'다고 했어요. 말을 잇기에 '이야기'랍니다. 텃말은 우리가 먼먼 옛날부터 살고 살림하고 사랑한 자취를 돌아보면서 헤아리도록 살그머니 수수께끼처럼 이끄는 말이면서 이야기를 북돋우는 빛살이기도 합니다.

27.
겹말이 뭐예요?

겹쳐서 쓰기에 겹말입니다. 겹말에는 두 가지가 있습니다. 힘주어 말하고 싶어 일부러 겹쳐요. 이를테면 '반짝반짝'이나 '글썽글썽'입니다. '꼼지락꼼지락'이나 '어슬렁어슬렁'이에요. 단출히 '반짝·글썽·꼼지락·어슬렁'이라 하면 되는데, 일부러 같은 낱말을 겹으로 쓰면서 센말로 삼아요. 여린말은 단출하면서 가볍게 나타낸다면, 겹쳐서 쓰는 센말은 묵직하면서 힘을 실은 말씨입니다.

힘줌말로 삼는 겹말이 아닌, 말뜻을 제대로 안 살핀 채 겹쳐서 쓰는 바람에 얄궂은 겹말이 있습니다. 군더더기를 붙인 말씨라고 할 만합니다. 이를테면 "너한테 잘 맞네"나 "나한테 잘 어울릴까" 같은 말씨입니다. "작지도 크지도 모자라지도 넘치지도 않을" 적에 '맞다'라고 합니다. "맞다 = 잘 있다"입니다. '잘'이라는 뜻을 품은 낱말인 '맞다' 앞에 '잘'을 붙인 "잘 맞다"는 군더더기 말씨이기에 겹말입니다. "여럿이 함께 잘 있다"는 뜻을 나타내는 '어울리다'예요. 이때에도 '잘'이라는 뜻을 품은 '어울리다'를 "잘 어울리다"처럼 쓰면 군더더기 말씨인 겹말입니다.

우리말이 어떠한 말결인지 살피지 못한 채 쓰는 얄궂은 겹말로 "꽉 붙잡다"나 "이야기를 나누다"나 "마구 휘갈기다"나 "고요하고 조용하다"나 '가끔씩 · 이따금씩 · 하나둘씩'이나 '누군가가'가 있습니다. 여러분은 이 말씨가 왜 얄궂은 겹말인지 아시겠어요? '붙 + 잡다'는 '꽉'을 품은 말씨이니 '꽉'을 앞에 안 붙입니다. '꽉'을 쓰고 싶다면 "꽉 잡다"라 할 노릇입니다.

'이야기 = 나누는 말'입니다. 나누기에 '이야기'인 만큼 "이야기를 나누다 = 말을 나누다 나누다"라 말하는 꼴입니다. '휘갈기다'는 '마구' 쓰는 몸짓이니 '마구'를 앞에 못 붙여요. '고요'하고 '조용'은 소리나 몸짓을 느끼기 어려운 자리에 결을 살짝 가르면서 쓰는 말씨이기에 둘을 겹쳐서 못 써요. '고요'는 몸짓도 소리도 없다고 느끼는 결이고, '조용'은 몸짓이나 소리가 매우 작다고 느끼는 결입니다.

'−씩'은 어떤 몸짓이나 모습을 자꾸 하거나 잇달아 할 적을 가리키기에 '가끔 · 이따금 · 하나둘' 뒤에 안 붙입니다. '누군가가 = 누구 + ㄴ + 가 + 가'예요. '−가'를 둘 붙이는 우리말은 없습니다. '무언가가'도 '−가'를 겹으로 붙여 얄궂은 말씨입니다.

여러분이라면 힘주는 겹말을 즐겁게 쓰리라 생각해요. 소리나 무늬나 빛깔이나 모습이나 몸짓을 재미나면서 새롭게 나타내려고 겹말을 쓰거든요. 이와 달리 말뜻·말결·말빛을 제대로 살피지 않은 채 얄궂게 쓰는 겹말은 거의 어른들이 우리말을 살피지 않으면서 불거진답니다.

우리말로 쉽고 단출히 쓰면 되는데, 군이 한자말이나 영어를 끌어들이려 하면서 얄궂게 겹말로 불거져요. 겉치레를 하거나 자랑을 하거나 똑똑해 보이려고 한자말이나 영어를 끌어들이지 않기를 바랍니다.

그런 이유 때문에 → 그 때문에 . 그래서

틀림없이 사실이다 → 틀림없다

하늘의 허공 → 하늘 . 빈하늘

바라는 소망 → 바람 . 꿈 . 바라다

더 이상 → 더 . 더는

다양한 특징 → 여러 가지 . 여러 모습 . 다 다른 빛 . 다른 모습

하나로 통일 → 하나로 . 하나로 하다 . 하나되다

어쨌든 간에 → 어쨌든

거짓으로 위장 → 거짓으로 . 꾸미다 . 눈가림 . 눈속임

속 깊은 배려 → 속 깊다

몸에 밴 습관 → 몸에 배다 . 배다 . 버릇

새로 나온 신상 → 새로 나온 . 새것

삼세번 → 세 판 . 석 판

학교에 입학하다 → 학교에 들어가다

서울로 상경하다 → 서울로 가다

절친한 친구 → 친구 . 동무 . 가까운 사이

새로운 시작 → 새걸음 . 새롭다 . 첫걸음 . 처음

그냥 방치하다 → 그냥 두다

따뜻한 호의 → 따뜻한 마음 . 따뜻함

소문이 퍼지다 → 말이 퍼지다 . 퍼지다

한마디로 요약 → 한마디로 . 간추리다

하루 종일 → 하루 내내 . 온하루

6

잘못 쓰는 우리말에는 어떤 말이 있나요?

28.
한자말이 우리말 가운데 얼마나 되나요?

국립국어원이 2002년에 '현대 국어 사용 빈도 조사'를 내놓을 적에는 "우리말이 54%, 한자말 35%, 들온말(외래어) 2%"만큼 나타났다고 합니다. 국립국어원은《표준국어대사전》을 펴내며 51만 낱말 즈음 실었다는데, 한자말을 29만 즈음으로 57%를 실었다지요.

다만, 이 셈값(숫자)은 어른이 읽는 글만 바탕으로 따졌기에, 여러분이 읽는 글이나 주고받는 말, 시골사람이 쓰는 글이나 나누는 말을 헤아리면 우리말이 훨씬 높을 테고, 한자말이나 들온말은 더 낮을 만합니다.

감각(減却) : 덜어 버림

강직(江直) : 강원도에서 나는, 껍질을 벗겨 곧게 말린 인삼

경유(京儒) : 서울에 사는 선비

경의(更衣) : 옷을 갈아입음 = 개의

고분하다(孤憤-) : 세상에 대하여 홀로 분하게 여기다

고양(股陽) : [한의학] 넓적다리의 바깥쪽 부위

나이(那移) : 돈이나 물건을 잠시 둘러댐

노안(蘆岸) : 갈대가 무성한 물가의 언덕

문장(蚊帳) : = 모기장

　사전에 이런 한자말이 수두룩합니다. 도무지 쓸 일이 없을 뿐
더러, 우리말일 수 없는 한자말을 너무나 많이 실었습니다.

　그리고 "신뢰 ≒ 뇌비 · 시뢰(恃賴) · 시빙 · 의뢰"처럼, "조화 ≒ 조
균(調均) · 해화(諧和)"처럼, "두목 ≒ 두령(頭領) · 두수(頭首) · 수령(首
領) · 주령(主領)"처럼 비슷한 한자말을 줄줄이 실어요. 이런 '비슷
한 한자말'은 우리말이 아닌 중국말이기 일쑤입니다. 옛날 중국사
람은 쓰는 말이어도 오늘날 우리가 쓸 만하지 않아요.

고금(庫金) : [역사] 중국에서 사용하던 화폐(貨幣)의 하나

간쑤성(Gansu[甘肅]省) : [지명] 중국 서북부, 황허강(黃河江)의

상류에 있는 성(省)

강도(江都) : [지명] → 장두

　이런 중국말에다가 중국사람 · 중국땅 이름은 모두 한자말입

니다. 게다가 다음처럼 우리나라 땅이름·사람이름·책이름도 잔뜩 실었답니다.

가정(稼亭) : [인명] '이곡'의 호

각성(覺性) : [인명] 조선 시대의 승려(1575~1660)

각운(覺雲) : [인명] 고려 고종 때의 승려(?~?)

각운(覺雲) : [인명] 고려 공민왕 때의 승려(?~?)

강경(江景) : [지명] 충청남도 논산시에 있는 읍

강도(江都) : [지명] '강화(江華)'의 다른 이름

강수(强首) : [인명] 신라의 유학자·문장가(?~?)

개경(開京) : [지명] '개성(開城)'의 옛 이름

개벽(開闢) : [문학] 1920년에 김기진, 박영희 등이 참여한 최초의
　　　　　　월간 종합지

　한자말을 마구 실은 낱말책이에요. 더구나 중국말·일본말에 중국사람·중국땅 이름이나 일본사람·일본땅 이름에다가 우리나라 사람이름·땅이름까지 잔뜩 나와요. 이 모두 '한자말'에 들어갑니다. 이러다 보니 마치 낱말책에 우리말이 대단히 적고 한자말이 엄청나게 많은 듯 잘못 여기기 쉬워요.

여러분이 배움터에서 살피는 배움책(교과서)에도 군더더기 같은 한자말이 꽤 많습니다. 이렇게 낱말책에 엉뚱하게 넣거나 배움책에 군더더기로 넣은 한자말을 '우리말'이라고 하기는 어렵지 않을까요?

입사(入寺) : [불교] 1. = 입산(入山) 2. 절에 들어가서 주지가 되는 일

전의(田衣) : [불교] 승려가 장삼 위에, 왼쪽 어깨에서 오른쪽

　　　　　겨드랑이 밑으로 걸쳐 입는 법의(法衣)

정보(正報) : [불교] 과거의 업인(業因)에 따라 내생(來生)에 어떠한

　　　　　몸으로 나타나느냐로 받는 과보

또한 우리 낱말책에 '불교 한자말'을 함부로 싣기도 했습니다. 삶터(사회) 곳곳에서 쓰는 숱한 한자말은 일본이 총칼로 우리나라로 쳐들어와서 퍼뜨린 말씨이기 일쑤예요.

이리하여 낱말책에서 덜어내야 할 한자말을 차근차근 덜어낸다면, 한자말은 57%가 아닌 20% 즈음, 또는 10% 즈음이나 이보다 훨씬 적을 수 있습니다. 우리 삶자리에서 쓰는 한자말이 꽤 되는 듯해도 정작 우리말에 대면 그리 많지는 않습니다. 마음·생각·살림·숲·사람·몸짓·소리·모습·빛깔을 가리키는 낱말뿐

아니라 풀꽃나무에다가 풀벌레에 새를 가리키는 온갖 이름은 거의(99% 넘게) 우리말입니다.

또한, 우리나라 낱말책은 아직 온나라 사투리(고장말)를 제대로 안 실었습니다. 고장마다 다르게 가리키는 이름인 사투리를 낱말책에 제대로 싣는다면, 한자말은 더더욱 적을 만하다고 느낍니다.

앞으로는 이러한 자리에 번진 중국·일본 한자말을 차근차근 우리말로 가다듬는 슬기를 빛내기를 바라요. 우리가 받아들여서 쓸 한자말이나 영어를 알맞게 품도록 낱말책을 다스려야겠지요.

[숲노래 낱말책]

우리말 (우리 + 말)
누구나 스스로 뜻과 생각을 나타내고 나누면서, 너와 내가 '우리'로 어울리는 길을 여는 즐거운 마음소리. 너하고 나를 아우르면서 나누는 말. 우리가 쓰는 말. 우리나라 사람이 쓰는 말. 우리가 예부터 물려주고 물려받으면서 쓴 말. 우리가 스스로 삶을 짓고 서로 사랑하면서 함께 나누고 하루하루 즐겁게 일군 말. 우리 스스로 생각해서 쓰는 말. 우리 나름대로 삶을 가꾸고 지으면서 나란히 가꾸고 지어서 쓰는 말. "우리말 : '나 + 너 = 우리'를 이루려고 서로 마음을 잇는 말"이라고 볼 만하다.

29.
왜 우리는 한자로 이름을 짓나요?

한자 이름은 조선이 끝날 즈음 확 퍼졌어요. 조선이 저물고 일제강점기로 접어들던 무렵에는 돈으로 이름값(신분·양반)을 사들이는 사람이 부쩍 늘었습니다. 사람 사이에는 위도 아래도 없지만, 위아래로 가른 틀(신분제)에 따라 위쪽에 선 사람들은 '한자로 이름을 지었'고, 아래쪽에 깔리는 사람들은 '한자를 모르는 채 우리말로 이름을 지었'습니다. '수수한 우리말 이름'이라면 '아랫사람'이라 여기면서 깔보거나 괴롭혔기에, 적잖은 사람들은 큰돈을 들여서 '한자로 지은 이름'을 샀습니다. '한자 이름'이어야 따돌림(차별)에서 벗어나 숨통을 틔우는 나라였어요.

요새는 '작명소'에서 이름을 짓는 분이 적을 텐데요, '이름집(작명소)'은 한자로 이름을 어떻게 엮거나 짓는가를 알려주고 돈을 받았어요. 둘레에서 아랫사람인 줄 알아채지 못하게끔 이모저모 살펴서 한자 이름을 억지로 지으려고 했다고 할 만합니다. 일제강점기에는 양반도 '양반 아닌 사람'도 모두 억누르면서 '창씨개명'을 시켰어요. 창씨개명은 한겨레 이름을 일본 이름으로 바꾸도록 시키는 틀입니다. 일본 이름으로 바꾸려면 한자 이름을 꼭 써야 했지요.

조선이 저물면서 '윗사람(양반) 이름을 돈으로 사려던 흐름' 하나에다가, 일제강점기에 '일본 이름으로 억지로 바꾸어야 하던 생채기' 하나가 더하면서, 1945년 해방을 지나고 1970년대에 이르도록 사람들은 '한자 이름'을 지어야 한다는 생각이 뿌리를 깊이 내렸습니다. 이러다 1970년대부터 "우리한테 우리말이 있다면 왜 우리말 아닌 중국스럽거나 일본스럽게 한자 이름을 지어야 하는가? 우리는 우리말이 있으니 우리답게 우리말 이름을 지을 만하지 않는가?" 하고 생각하면서 '한자 없는 이름'을 짓는 분이 조금씩 나옵니다. 1980~1990년대에는 '우리말 이름'을 짓는 분이 제법 늘었고, 2000년을 지나 2020년 언저리에는 굳이 한자 이름에 얽매일 까닭이 없다고 느끼는 분이 많이 늘었어요.

이름을 우리말로 짓든 한자로 짓든 영어로 짓든, 또 베트남말이나 덴마크말로 짓든, 누구나 스스로 짓고 싶은 길대로 지으면 아름답습니다. 아이 이름을 나라에서 어떻게 지으라고 시킬 수 없습니다. 모든 어버이가 아이를 사랑하는 마음으로 이름을 즐겁게 붙이도록 틔워야 아름다운 나라로 거듭나리라 느껴요.

우리가 우리말로 이름을 짓는 일이란, 누구나 누릴 길입니다. '기본 인권'이에요. 으뜸길(헌법)로도 밝히는 우리 '자유'입니다. 우리말로 지은 이름을 한자 없이 한글로만 적는 권리는 모든 사람이 넉넉히 누릴 수 있어야 아름답습니다.

우리가 이웃 여러 나라하고 사귀자면 '한자를 쓰는 옆나라'만 생각할 일이 아닙니다. 영어를 쓰는 나라가 많고, 에스파냐말을 쓰는 나라도 많습니다. 다 다른 나라는 다 다른 말씨로 저마다 어버이로서 아이한테 사랑을 물려주고 살림을 가꿉니다. 우리는 우리말로 우리 살림을 가꾸고 우리 사랑을 널리 나누는 길을 슬기롭게 펼쳐야지 싶습니다. 우리말로 짓는 우리 이름을 찾는 길도 아름답게 나라를 아끼는 일 가운데 하나라고 생각합니다.

30.
잘못 쓰는 우리말에는 어떤 말이 있나요?

우리가 잘못 쓰는 우리말이 있다면, 스스로 말결을 놓치거나 잊었거나 잘못 익혔다는 뜻입니다.

잘못 쓰는 우리말은 우리말을 제대로 배우지 않은 채 길들고 말아 스스로 바로잡지 않는 모습이 무엇인가 하고 드러냅니다. 숱한 어른은 '잘못 쓰는 우리말'을 좀처럼 바로잡지 않습니다. '잘못인 줄 못 느끼'기도 하고, '잘못인 줄 느껴도 오랫동안 썼다는 핑계'로 이런 말씨를 털어내지 않아요.

여러분이 "아버지, 그 말씨는 틀렸는걸요?"나 "어머니, 그 말씨는 잘못 쓰는 말씨라고 배웠어요." 하고 여쭐 적에 "그래? 몰랐어. 네가 가르쳐 주니 고맙구나. 이제부터 바로잡을게." 하고 말하면서 빙그레 웃는 어른을 만날 수 있기를 바라요.

가끔씩 나의 부모님조차
→ 가끔 우리 어버이조차

어느덧 하나둘씩 늘었구나

→ 어느덧 하나둘 늘었구나

이따금씩 그곳에서 파티도 연다

→ 이따금 그곳에서 잔치도 연다

'가끔 · 이따금 · 하나둘'에 '-씩'을 붙이면 잘못입니다. '-씩'은
'하나씩'이나 '조금씩'처럼 씁니다.

맛나게 먹고 있구나

→ 맛나게 먹는구나

돌아가고 있어요

→ 돌아가는 길이에요

→ 돌아가요

"치고 있다"나 "먹고 있다"나 "가고 있다"나 "하고 있다"처럼 '−고 있다'로 쓰는 말씨는 알맞지 않습니다. '−고 있다'를 통째로 털어야 우리말답습니다. 영어 말씨를 옮긴 일본사람은 '중(中)'이란 한자로 '−ing' 꼴을 옮겼고, 우리나라는 이 옮김말씨(번역체)를 그대로 받아들이는 바람에 "식사 중" 같은 일본말이 퍼졌고, "식사하고 있는 중"이나 "식사하고 있다"나 "먹고 있다"로 다시 풀면서, 더 얄궂게 퍼진 말버릇입니다.

나의 길을

→ 내 길을

→ 삶길을

나의 아빠도

→ 우리 아빠도

→ 울 아빠도

→ 아빠도

영어 'my'를 일본사람은 '私の'로 옮겼고, 일본사람이 영어를 옮긴 결을 우리나라가 고스란히 받아들여 그만 '나 + 의' 말씨가 들불처럼 퍼졌습니다. 여러분이 읽는 책이나 글에 '나의'란 말씨가 자주 나올 텐데, '영어를 옮긴 일본사람 말씨가 잘못 들어와서 퍼진 말버릇'입니다. 우리말은 '내'이거나 '우리·울'이고, 아예 털어내어도 어울립니다.

반짝반짝거리는 별

→ 반짝거리는 별

→ 반짝반짝하는 별

어떤 모습·몸짓·소리를 잇달아 드러내거나 자꾸 보일 적에 '−거리다·−대다'를 붙이거나 같은 낱말을 잇달아 적습니다. 그러니 두 가지를 함께 적으면 겹말이에요. 잘못 쓰는 말씨랍니다. 같은 낱말을 잇달아 적겠다면 '−하다'를 붙입니다. '까불거리다·까불대다'랑 '까불까불하다'처럼 써야 알맞습니다.

　따뜻한 햇빛도 받았지
　→ 따뜻한 햇볕도 받았지

　해는 우리 곁에 세 가지로 찾아듭니다. '햇빛·햇살·햇볕'입니다. 햇빛은 '밝다·어둡다'로 나타내고, 햇살은 '눈부시다·따갑다'로 나타내며, 햇볕은 '따뜻하다·포근하다'로 나타냅니다. 세 가지를 옳게 가르지 못하는 어른이 꽤 많습니다.

　동네에서 가장 큰 집들 중 하나에 산다
　→ 마을에서 가장 큰 집에 산다
　→ 마을에서 아주 큰 집에 산다
　→ 마을에서 대단히 큰 집에 산다
　→ 마을에서 더없이 큰 집에 산다

　영어를 잘못 옮기면서 "가장 −한 것 중에 하나" 같은 말씨가 번졌습니다. 참말로 가장 크다면 '중'이 없이 "가장 큰 집"이라 할 노릇이요, 아주 크다면 "아주 큰 집"처럼 쓸 노릇입니다.

웃음소리가 흐르는 가운데

→ 웃음소리가 흐르는데

→ 웃음소리가 흐르고

"흐르는 가운데"는 일본사람이 영어를 옮기며 쓴 한자 '중(中)'을 우리말 '가운데'로 바꾼 말씨입니다. 틀림없이 '가운데'는 우리말입니다만, "먹는 가운데"나 "보는 가운데"는 모두 우리말답지 않아요. "먹는데·먹는 동안에"나 "보는데·보는 곳에서"로 고칩니다.

의심쩍은 눈초리를 던졌다

→ 못미더운 눈초리였다

→ 못미덥게 보았다

→ 못미더워 했다

"눈초리를 던지다·눈길을 던지다"는 모두 영어를 잘못 옮긴 말씨입니다. "눈초리이다"라 하든지 "본다"라 하면 됩니다.

대구로 내려가다

→ 대구로 가다

→ 대구길이다

서울로 올라가다
→ 서울로 가다
→ 서울길이다

서울에서 대구로 '갑'니다. 대구에서 서울로 '갑'니다. 내려가지도 올라가지도 않습니다. 이 말씨는 일본이 총칼로 우리나라로 쳐들어온 다음에 들어온 '상행·하행'이라는 일본스런 한자말 탓에 그만 씁쓸하게 퍼졌습니다. 일본은 도쿄로 갈 적에 '상(上)'이란 한자를 쓰고, 도쿄를 벗어날 적에 '하(下)'라는 한자를 씁니다.

선생님이 어린이 여러분한테 말할게요
→ 제가 어린이 여러분한테 말할게요

'-님'은 남이 나를 높이는 말씨이거나, 내가 남을 높이는 말씨입니다. 우리말은 스스로 높이지 않습니다. 어른인 '선생님'이 어린이를 보면서 말할 적에는 '선생님'이 아닌 '제·저'나 '내·나'를 써야 올바릅니다. 어린이 앞에서 어른이라는 자리에 있더라도, 스스로 밝히는 말씨는 '-님'을 안 붙입니다.

감사 드립니다

→ 고맙습니다

고맙다는 마음을 '주다'라 하기보다 '드리다'라 하면 높임말이 된다고 여기기도 합니다만, "고마움을 주다 · 고마움을 드리다"처럼 말하지 않습니다. "고맙습니다"라 하면 저절로 높임말입니다. 내가 너한테 '고맙다'라 말할 적에는, 이 낱말 '고맙다'에 "너를 높이는 마음"이 깃들기에 따로 '드리다' 꼴을 쓸 까닭이 없습니다.

그런 얼굴을 가지고

→ 그런 얼굴로

영어 'get · have'를 잘못 옮기면서 '가지다 · 지니다'를 아무 데나 쓰는 말버릇이 퍼졌습니다. '가지다 · 지니다'는 그냥 털어내면 됩니다.

31.
틀리기 쉬운 우리말에는 뭐가 있나요?

어쩌다 잘못 쓰는 말도, 자주 잘못 쓰는 말도 매한가지입니다. 아직 우리말을 우리말답게 익히지 않았으면 문득 잘못 쓰기도 하지만, 툭하면 잘못 쓰기도 합니다. 그렇지만 찬찬히 보면서 하나하나 짚는다면, 우리말을 우리말답게 가다듬으면서 누리는 말길을 익힐 만합니다.

어떻게 써야 옳거나 바른가 하고 따지지는 않기를 바랍니다. '틀린 말씨'나 '잘못 쓰는 말버릇'을 잡아내어 바로잡아 보아도 나쁘지 않되, 이보다는 '우리말을 우리말답게 쓰'면서 '생각을 즐겁게 펴'고, '마음을 곱고 참다우면서 사랑스레 나누'는 길로 나아가기를 바라요.

여러분이 앞으로 어른으로 나아가는 길에 '즐겁게 생각을 빛내어 마음을 사랑으로 가꾸려는 꿈을 품는다'면, 여러분이 쓰는 우리말은 더없이 고우면서 반짝반짝 별빛이 되고 꽃빛이 되어 둘레를 밝힐 만하다고 봅니다. 자주 잘못 쓰는 말씨를 몇 가지 들어

보겠습니다.

벌써 여덟 시 십오 분 전이야

→ 벌써 일곱 시 사십오 분이야

때(시간)을 살필 적에 영국이나 미국 쪽 사람들은 "여덟 시 오 분 전"처럼 말합니다만, 우리는 "일곱 시 오십오 분"처럼 말합니다. 우리말로 본다면 "여덟 시 오 분 전"은 "8시 1분"이나 "8시 2분"이나 "8시 3분"이나 "8시 4분"입니다.

나도 바람이 되는 건지도 모른다

→ 나도 바람이 되는지 모른다

걷는다는 것이 좋다는 것은 누구나 안다

→ 걸으면 좋은 줄 누구나 안다

→ 걷기가 좋은 줄 누구나 안다

이렇게 사람이 많은 건 처음이야

→ 이렇게 사람이 많다니 처음이야

→ 이렇게 많은 사람은 처음이야

'것'은 우리말입니다만, 말끝마다 아무렇게나 붙이는 말씨는 아닙니다. 말끝마다 군더더기로 들러붙는 '것'은 우리가 우리말을 너무 모르는 채 자주 잘못 쓰는 첫손으로 꼽을 만한 말씨입니다. '것'을 다 털어놓고 말을 해봐요. '것'만 안 써도 우리말이 빛난답니다.

> 무엇인가 물어보고 있는 것 같아요
> → 무엇인가 물어보는 듯해요
> → 무엇인가 물어보나 봐요
>
> 곧 무슨 일이 일어날 것 같아요
> → 곧 무슨 일이 일어날 듯해요
> → 곧 무슨 일이 일어나겠어요

아무 데나 들러붙는 '것'은 곧잘 '같다'를 만나 "-ㄹ 것 같다" 꼴로 불거집니다. 우리말 '-듯하다'나 '-듯싶다'나 '-겠다'나 '-나 보다'를 싹 잡아먹으면서 퍼지는 얄궂은 말씨입니다. "-ㄹ 것 같다"는 그냥 다 털면 됩니다. 무늬는 한글이되 우리말이 아닙니다.

나무 아래 앉아서

→ 나뭇가지 밑에 앉아서

→ 나무 곁에 앉아서

손을 배꼽 아래 갖다 댔다

→ 손을 배꼽 밑에 댔다

'위'가 있으니 '아래'가 있습니다만, "나무 아래"는 "땅 속"입니다. "나무 아래를 삽으로 팠다"처럼 쓸 적에 '아래'입니다. "나무 아래 앉을" 수는 없어요. 앉는다면 나뭇가지가 그늘을 드리우는 '밑'에 앉아요. 또는 "나무 곁에 앉다"라 말합니다. 그래서 "배꼽 아래"도 배꼽을 파고든 속을 가리켜요. "배꼽 밑"이라 해야 알맞습니다.

책상 위에 놓다

→ 책상에 놓다

나비가 머리 위에 앉았다

→ 나비가 머리에 앉았다

'아래'를 잘못 쓰듯 '위'도 잘못 쓰는데요, "지붕 위 = 하늘"입니다. "지붕 위"에는 앉지 못하고, "지붕 위"에는 꽃밭도 못 가꿉니다. "지붕 위로 새가 날아간다"처럼 쓸 뿐입니다.

커다랗게 외치는 소리를 듣게 되었습니다
→ 커다랗게 외치는 소리를 들었습니다

영어처럼 쓰는 말씨인 '−게 되다'입니다. 우리말로는 '−다'나 '−ㄴ다 · −는다'처럼 씁니다.

깨끗하게 청소해서 보관하고 계셨던
→ 깨끗하게 닦아서 두셨던
→ 깨끗하게 손질해서 간수하셨던

'−고 있다'를 '−고 계시다'처럼 쓰면 높임말이 되는 듯 잘못 아는 분이 많습니다. 높임말로 하자면 '−시−'를 넣으면 돼요. "보관하고 계셨던"이 아닌 "두셨던"이라 하면 되어요.

하지만 동네사람들의 불평은 끊이지 않았다
→ 그러나 마을사람은 끊임없이 투덜댔다

→ 그렇지만 마을사람은 끝없이 토를 달았다

→ 그런데 마을사람은 자꾸 못마땅해 했다

허나 신선님의 유언대로 이제

→ 그러나 숲님 말씀대로 이제

→ 그런데 하늘님 뜻대로 이제

긴말을 줄여서 쓰기도 하지만, 앞말을 잇는 자리에서는 섣불리 줄이지 않습니다. 뜻이 바뀌거든요. '그러하다·이러하다·저러하다'란 우리말을 줄이면 '그렇다·이렇다·저렇다'입니다. 이 말씨는 '그렇지만(그러하지만)·이렇지만(이러하지만)·저렇지만(저러하지만)'입니다. 이런 우리말인데 '그러·이러·저러'를 함부로 잘라서 '하지만'으로 쓰는 말씨는 알맞지 않아요. 어른들은 옛말이라고 여기며 '허나·하나'를 쓰기도 하는데, 이때에도 매한가지입니다. '그러나'란 준말을 써야 알맞습니다.

짧게 그려진 다리는

→ 짧게 그린 다리는

집이 다시 조용해지면

→ 집이 다시 조용하면

'−지다'도 영어를 잘못 옮긴 말씨입니다. '예뻐지다 · 착해지다' 처럼 쓰는 분도 있는데, "너 왜 이렇게 예뻐졌어?"가 아닌 "너 왜 이렇게 예뻐?"라 해야 우리말답습니다. "몰라보게 착해졌구나!" 가 아닌 "몰라보게 착하구나!"라 해야 비로소 우리말입니다.

[숲노래 낱말책]

살려쓰다 (살리다 + 쓰다)

살려서 쓰다. 때 · 곳 · 사람 · 흐름을 살리면서 쓰다. 스스로 살피거나 생각하면서 알맞게 쓰다. 누가 알려주거나 가르치지 않아도 스스로 알아내거나 맞추면서 쓰다. (= 찾아쓰다. ← 활용, 적용, 재생, 재사용, 신활용)

32.
외래어를 쓰지 않고
우리말로만 쓸 수 있나요?

두 가지로 들려줄 수 있어요. 첫째, 우리말로 넉넉히 쓸 만합니다. 둘째, 천천히 우리말로 쓰는 길로 나아갈 만합니다.

한자말·일본말·영어는 우리말이 아닙니다. 우리말이라면 굳이 '한자말'이나 '일본말'이나 '영어' 같은 이름을 붙이지 않아요. '들온말(외래어)'이나 '바깥말(외국말)'이라 할 적에는 '우리말(한국말)'이 아직 아니란 뜻입니다. 우리 삶자리에서 우리 살림으로 녹아든다면, 비로소 우리가 저마다 알맞게 생각을 기울여서 새롭게 이름을 붙입니다.

우리글이 없던 지난날, 우리가 저마다 말(사투리)을 지어서 썼듯, 글도 일찌감치 지으면 빛났으련만, 이렇게 하지는 못하고 중국한자를 빌려서 우리 말소리를 담아내려고 했어요. 조선 무렵 세종임금에 이르러 "우리 말소리를 옮기는 '우리글(훈민정음)'"을 비로소 살펴서 짓는 길을 열었어요. 그러나 세종 임금 뒤로는 우리글(훈민정음)을 좀처럼 안 쓰려 했어요. 막상 우리글이 태어났으나 우리글을 쓸 자리도 쓰는 사람도 없이 오백 해 가까이 흘렀습니다.

이러다가 조선이 스러지고서 대한제국·일제강점기라는 나날이 흐르는 사이에 주시경 님을 비롯한 여러 어른이 앞장서서 '한글'이란 이름을 새롭게 붙이고 돌보려 하면서 바야흐로 "우리말을 우리글로 펴는 길을 제대로 열려 했다"고 할 만합니다. 다만 총칼을 앞세운 일제강점기에 억눌리다 보니 '우리말 우리글'을 마음 놓고 펴지 못 했습니다. 1945년에 일제강점기에서 풀려났으나 그만 남북녘이 두 나라로 갈리면서 슬프게 싸우는 바람에 '우리말 우리글'을 살리는 길하고 다시 멀어요. 또한 1990년 첫머리까지 남녘은 군사독재란 이름인 총칼에 억눌리는 나날이었다 보니, '우리말 우리글'을 마음껏 터뜨리는 길하고 한참 멀었습니다.

오늘날 우리 삶터에 널리 퍼진 '한자말·일본말·영어'는 조선 오백 해와 일제강점기부터 뿌리를 뻗거나 퍼진 말씨입니다. 나라는 홀로서기를 했되, 말은 홀로서기를 이루지 못한 나날을 말에서 엿볼 수 있습니다.

옆나라 일본에서 글을 쓰는 어느 분이 '소확행(小確幸)'이란 한자말을 지었어요. 일본 한자말인 '소확행'입니다. 처음에는 바깥말

(외국말)이요, 이 말씨가 좋아 보여서 받아들이면 '들온말(외래어)'입니다. 이 말씨가 어떤 뜻일까 하고 헤아리면서 생각을 가다듬어, "음, 나는 '작은기쁨'이란 우리말을 지어서 쓸래." 하고 여기면 '작은기쁨'이란 우리말을 쓸 만합니다. "음, 나는 '온기쁨'이 어울려 보이는걸?" 하면 '온기쁨'이란 우리말이 태어나요.

요사이에는 '쓰레기를 안 버리는 삶'을 펴자며 '제로 웨이스트(zero-waste)'란 바깥말을 받아들이기도 하는데, 수수하게 '쓰레기 안 버리기'로 옮길 만하고, '제대로 버리기'로 나타낼 만하며, '온살림·제살림·푸른살림'처럼 아예 느낌이며 결을 새롭게 살려서 이름을 새롭게 붙일 만해요.

한자말·일본말에다가 바깥말·들온말을 굳이 안 쓰려고 너무 애쓰기보다는, 이런 여러 바깥말·들온말이 무엇을 어떻게 가리키는가를 살펴보기로 해요. 차근차근 보노라면 우리 나름대로 어떻게 받아들여서 새롭게 녹여낼 만한지 알 수 있습니다. 여러분도, 또 뭇어른도 문득문득 우리말을 즐겁고 사랑스레 쓰는 길을 찾아낼 만합니다. 천천히 즐겁게 나아가면 우리말로 신바람나게 이야기꽃을 펴게 마련입니다.

33.
왜 어른한테 존대말을 써야 하나요?

'존댓말(尊待–)'은 "사람이나 사물을 높여서 이르는 말"을 뜻한다고 합니다. 말뜻처럼 우리는 "높여서 이르는 말 = 높임말"처럼 쓰면 아름답습니다.

아기는 어른한테 높임말을 쓰지 않습니다. 아기는 아직 말을 배우지도 않아요. 아기를 마주하는 어버이는 함부로 말을 깎거나 낮추지 않습니다. 아기는 둘레 말씨를 가만히 들으며 말을 받아들여요. 어버이가 늘 깎음말이나 낮춤말을 쓴다면 아기가 자라면서 터뜨리는 말도 깎음말이나 낮춤말입니다. 어버이가 아기한테 언제나 높임말을 쓰면, 아기가 터뜨릴 말은 아주 마땅히 높임말입니다.

저는 아기한테도 서너 살 아이한테도 낮춤말을 안 씁니다. 저보다 나이가 많은 사람한테만 높임말을 쓰지 않아요. 여덟 살 어린이한테도 높임말을 씁니다. 열다섯 살 푸름이한테도 높임말을 쓰지요. 다른 어른뿐 아니라 모든 어린이랑 푸름이한테도 늘 높임말을 쓰기에 저한테 "아저씨는 왜 높임말을 써요?" 하고 묻는 어린이가 많아요. "사람은 누구나 속으로 품는 바탕이 사랑빛이게 마련이니 높임말을 씁니다. 사랑을 잊은 사람한테는 사랑을 되찾으라는 뜻으로 높임말을 써요."

어린이가 어른한테 높임말을 쓸 적에는 '어른을 높인다'는 뜻보다는 '여러분이 스스로 높인다'는 말살림이라고 느낍니다. 그러니까, 어린이한테 낮춤말이나 깎음말을 쓰는 어른이 있다면, '어린이를 낮추거나 깎는 셈'이 아닌, '낮춤말이나 깎음말을 쓰는 어른 스스로를 낮추거나 깎는 셈'입니다.

모든 말은 이 말을 하는 사람이 "스스로 마음빛(넋)한테 들려주는 생각소리"입니다. 말은 생각을 담은 소리예요. 생각을 담지 않은 채 내뱉기만 한다면 그저 '소리'입니다. 이를테면, 길에서 부릉부릉 시끄럽게 울리는 '소리'이고, 돌이 바닥에 떨어지며 쿵 하고 내는 '소리'입니다. '말'이라고 할 적에는 우리 스스로 생각을 얹어서 들려준다는 뜻이에요.

누가 막말(욕)을 한다면, 이 막말을 하는 이는 남을 괴롭히려는 뜻일는지 모르나, 정작 모든 막말은 '막말을 하는 사람 스스로 갉아먹'게 마련입니다. 높임말·낮춤말도 같은 얼거리랍니다. 모든 높임말은 남을 높이기 앞서 "높임말을 쓰는 사람 스스로 돌보는 생각소리" 노릇을 해요.

저는 이런 얼거리를 어릴 적부터 느꼈어요. 동무 사이라 해도 낮춤말이나 깎음말을 문득 뱉고 보면 제 속마음이 쓰리고 아팠어요. 동무 사이에도 사근사근 말을 하니 제 속마음이 따뜻하더군요. 어느 날부터 동무한테 높임말을 써 보는데, 어쩐지 저 스스로 구름을 타고 하늘을 나는 듯했습니다.

여러분, 높임말이란 먼저 우리 스스로 높이면서 우리를 둘러싼 이웃이며 다른 사람을 높여 줍니다. 막말이란 먼저 우리 스스로 깎아내리거나 갉아먹으면서 우리를 둘러싼 이웃하고 다른 사람도 깎아내리거나 갉아먹는 길로 가요. 나이 많은 사람 앞이라서 높임말을 써야 하지는 않습니다. 스스로 착한 마음이 되어 착한빛을 둘레에 퍼뜨리는 실마리 가운데 하나인 높임말입니다. 스스로 참한 눈빛이 되어 참하지 않거나 거짓스럽거나 바보스러운 어른을 일깨우는 첫걸음인 높임말이기도 해요. 스스로 높이고 서로 높이는 말씨가 있기에 우리 삶자리가 아름다우면서 즐겁다고 느낍니다.

34.
왜 우리는 고운말 바른말을 써야 하나요?

국립국어원 낱말책은 "욕(辱) : 1. 남의 인격을 무시하는 모욕적인 말. 또는 남을 저주하는 말 = 욕설"로 풀이합니다. 저는 이 한자말로는 여러분도 어른 이웃도 속내나 속뜻을 제대로 읽지 못한다고 여겨서 다음처럼 여러 낱말로 손질해서 씁니다. 자리나 때에 따라서 다르게 살핍니다.

거친말 · 삿대말 · 쓰레말 · 주먹말

구정말 · 구지레말 · 더럼말 · 똥말

까다 · 까대다 · 낮추다

낮춤말 · 뒷말 · 막말 · 윽박말

북새말 · 악다구니 · 어지럼말

'거친말'이란 거칠게 하는 말입니다. '삿대말'이란 삿대질하며 뱉는 말입니다. '쓰레말'이란 쓰레기처럼 하는 말입니다. '주먹말'이란 주먹으로 때리듯이 말로 때린다는 뜻입니다. '구정말'은 구

정물 같은 말입니다. '더럼말'은 더러운 말이지요. '막말'은 마구
하는 말이요, '뒷말'은 뒤에서 몰래 깎아내리려고 하는 말입니다.

　　이런 모든 말씨는 "몸과 마음에 말로 때를 묻히는 말"이라고
여깁니다. '막말(욕·욕설)'이란 "겉·허물·흉을 보는 말"이고, "사랑

을 잊고서 스스로 빛을 잃는 말"이로구나 싶어요.

곱거나 바르게 말을 해야 좋을까요? 찬찬히 생각해 보기를 바라요. 막말을 하면 나쁠까요? 가만히 생각을 기울여 봐요. 사랑을 되새기려는 생각을 마음에 담고, 스스로 빛나는 마음이 되고자 한다면, 우리 입에서는 어떤 말씨가 피어날까요? 사랑을 잊고서 스스로 빛을 잃으면서 말을 하면, 우리 입에서는 어떤 말씨가 튀어나올까요?

둘레에서 여러분한테 막말을 해댄다면, 어른들이 자꾸 막말을 그치지 않는다면, 바로 둘레 다른 사람이나 어른 스스로 사랑을 잊으면서 빛을 잃어 그분들 스스로 마음하고 몸에 때를 묻히는 길로 간다는 뜻입니다.

여러분이 누구한테 거친말을 한다면, 이 거친말은 바로 여러분이 코앞에 있는 다른 사람한테 뱉는 말이 아닌, 여러분 마음에 대고 하는 거친말입니다. 여러분이 누구한테 삿대말이나 뒷말이나 낮춤말을 한다면, 이 삿대말이나 뒷말이나 낮춤말은 바로 여러분이 스스로 돌려받는 말이랍니다.

모든 말은 바람이나 물 같아요. 바람은 온누리를 휘휘 돕니다. 이곳에서 부는 바람은 우리 몸을 샅샅이 훑고서 바깥으로 나가더니 어느새 푸른별을 한 바퀴 돌아서 다시 우리한테 와요. 바닷물은 아지랑이로 피어서 구름이 되다가 빗물이 되어 땅으로 스며 샘물로 이어요. 우리는 이 샘물을 마시고 오줌을 눈답니다. 이 오줌은 땅으로 스미어 다시 바다로 가요.

우리가 쓰는 말은 온누리를 두루 돌다가 언제나 우리한테 찾아온답니다. 막말을 하면 안 되느냐고요? 안 될 일이란 없어요. 그저 이 막말은 "남한테 쏘아붙일 수 있는 말"이 아닌, "내 얼굴에 침뱉기"랍니다. 윽박말을 하는 사람한테는 이 윽박말이 돌아와요. 더럼말을 하는 사람한테는 이 더럼말이 돌아가지요. 어떤 말을 하고 싶은가를 찬찬히 헤아리시기를 바라요. "고운말 바른말을 써야 한다"고 하기보다는, "쓰레말(욕·욕설)은 늘 스스로 깎아내리거나 죽이는 말"인 줄 알아차리시기를 바라요.

살림말을 혀에 얹으면서 쓰기에 스스로 살림을 가꿉니다. 숲말을 마음에 담으면서 나누기에 스스로 숲으로 피어나며 싱그럽습니다. 꽃말을 고이 돌아보며 펴기에 스스로 곱게 피어납니다. 사랑말을 생각하고 그리기에 반짝이는 별과 함께 사랑하는 길을 엽니다.